■ **d**13

BasisDruck **Dokument**

Die Russen gehen
Der Abzug einer Armee

Frank Gaudlitz
Fotografien

Thomas Kumlehn
Gesprächsprotokolle

mit einer Chronik von Lothar Engelhardt

BASISDRUCK

Dieses Buch entstand mit freundlicher Unterstützung des Ministeriums für Wissenschaft, Forschung und Kultur des Landes Brandenburg, der Universität Potsdam und des Bevollmächtigten des Ministerpräsidenten für die Westgruppe der Streikräfte der GUS und Konversion.

Mein besonderer Dank gilt Arno Fischer und Peter Pachnicke für die hilfreichen Gespräche während der Fotoarbeit.

Frank Gaudlitz

ISBN 3 - 86163 - 057 - 5
© BasisDruck Verlag GmbH
Berlin 1993 – 1. Auflage
Satz und Gestaltung: Christoph Mohr
Druck: DBC Druckhaus Berlin-Centrum

Von Angesicht

Weht die Fahne der Sowjetunion über dem Reichstag, vergehen Jahre, ehe die meist Russen genannten Militärs aus Deutschland abziehen. Erst als beide deutsche Hälften verfugt werden, schreibt ein Abkommen den Wegzug fest. Die gerichtete Bewegung der Russen zielt auf ihre Abwesenheit. Der historisch bedeutsame Vorgang entläßt die Uniformierten aus ihrem „Freundschafts"-Status. Er läßt sie, die Fremdgebliebenen, erstmals tatsächlich im deutschen Alltag ankommen. Die dafür bemessene Zeit vergeht schnell. Der Verlauf des Geschehens gleicht einem Kehraus. Wenn die Kasernen besenrein übergeben sind, zieht vorerst Leere ein. Auch den letzten Waggon der abfahrenden Züge begleitet vom Bahnsteig her russische Blasmusik. Sie klingt aus. Es ist gewesen, vergegenwärtigt die Stille der gerade verlassenen Orte. Sie ist eine Zeitlang ungestört. So lang, bis die Verlassenheit von einer deutschen Behörde aufgehoben wird. Der Wachschutz findet anderswo Beschäftigung. Das aufgehobene Tabu wandelt den Halbschlaf jeder „Liegenschaft" in Geschäftigkeit auf einer vielversprechenden Immobilie um. Die Spuren der Vergangenheit stören. Man schleift sie gegenwärtig. Für die Zukunft.

Weht die Fahne der Sowjetunion über dem Reichstag, gilt es möglichst schnell, sie zu veröffentlichen. Das authentische Bild entstand von Bord eines Militärflugzeuges. Unmittelbar danach erschien die Fotografie, noch in den ersten Maitagen 1945, in der Prawda. Später geriet sie in Vergessenheit. Das Sujet des Chronisten taugte nicht, um dem Ende des „Großen Vaterländischen Krieges" gerecht zu werden. Stattdessen inszenierte man ein Motiv, mit dem man den Sieg stilisierte, um zu zeigen, daß die „Rote Armee" den Machtwechsel im Zentrum der geschlagenen Deutschen als Erste vollzieht. Für die internationale Kenntnisnahme gedacht, besonders die der Alliierten, wurde Flagge gezeigt. Man nahm zwei Rotarmisten, die ihrer Fahne auf dem Dach des Reichstages assistieren. Die artistische Leistung diente dafür, ein Zeichen zu setzen. Ohne Waffen gebrauchen zu müssen, gelingt die symbolische Aktion. Sie wurde eigens vom Fotografen komponiert. Nicht nur der Ausschnitt. Alle Details sind auftragsgemäß in den ideologischen Dienst genommen. Vielleicht nahm im Moment der Aufnahme niemand, bis auf den Fotografen, Notiz von der Situation. Es ist auch unerheblich für die fotografische Absicht, war doch die Leistung eben nicht an die Wahrnehmung der Deutschen gebunden oder für sie gedacht. Sie speiste sich aus der Motivation, für das historische Ereignis eine authentisch wirkende Nach-Stellung zu bilden und fotografisch festzuhalten. Die gefrorene Geste des Hauptdarstellers nimmt eine zu Stein werdende Haltung vorweg, die den besiegtbefreiten Deutschen im Osten tagtäglich begegnen sollte. In Form unzähliger Denkmäler.

Weht die Fahne der Sowjetunion nicht mehr über dem Reichstag, flattert sie immerhin im Gedächtnis. Das Potsdamer Abkommen hat bereits für die Aufteilung Deutschlands gesorgt. Auch ist das Dach für die Russen alsbald nicht mehr zu betreten. Herangezogen wird die Bildinszenierung. Inzwischen für die Interpretation der sowjetischen Heldengeschichte zu den Ikonen der politischen Erziehung in der DDR gehörend. Denn „Siegen lernen" wie die Sowjetunion, hieß: verehren können. Dazu gehört auch der Aufenthalt der Sowjetischen Armee im Osten Deutschlands, der in den Verlautbarungen der sozialistischen Presse öfter vorkam als im realsozialistischen Alltag. Die militärisch begründete Isolation der uniformierten „Russen" stand neben der behaupteten „Freundschaft". Der Freundschaftsbegriff inflationierte. Er taugte nicht dafür, das getrennte Leben zu klammern. Das freundschaftliche Leben lediglich auf offiziellen Wegen gestatten zu wollen, führte zu dessen dauerhafter Abtreibung. Unter Ausschluß der Öffentlichkeit war die Begegnung nur in Funktionärskreisen genehm.

Man behandelte die DDR wie einen Satelliten in feindlichem Hinterland. Sicher auch wie einen Schutzraum, aber nicht, um sich freizügig erholsame Spaziergänge zu leisten. Man war immer im Dienst. Angestrengt, ängstlich und Angst verbreitend. Der Besatzerstatus der

Sowjetischen Armee konnte im zivilen Leben der DDR immer so lange unterstapelt werden, wie das fremdbestimmte Leben geordnete Bahnen zog. Nur in Krisensituationen, wie am 17. Juni 1953, griff man vehement beruhigend ein. Der Schein heiligte die Mittel.

Erst weht die Fahne der Sowjetunion nicht über dem Reichstag. Später weht die Fahne der Sowjetunion auch nicht in Deutschland. Der Abzug der Russen ist ein kurzer Prozeß. Er behindert die Entwicklung einer differenzierenden Sicht auf die eingetretenen neuen Umstände. Es könnten anhand der historischen Episode kulturelle Defizite bemerkt werden, zumindest bei dem Teil der Deutschen, die in der DDR gelebt haben. Das wird größtenteils verdrängt und bald vergessen. Die Frage nach der Herkunft, die neben Trennendem auch Gemeinsames aufweist, wird gerade in den fünf neuen Bundesländern gemieden. Diesmal wird der Geschichte nachgestellt. Man legt sie offen. Der patriotischen Geste abhold geworden, widmet man sich ihr mit pathologischem Interesse. Nekro-Realistisch. Geschichte wird aufgedeckt, verkommt zur Schrecksekunde. Man traut ihr nicht über den Weg und beginnt, sich selbst zu mißtrauen. Unterstützt wird das Unbehagen von der Ironie der Geschichte. Sie tritt am Beispiel des Abzuges der Russen zutage. Im Gegensatz zu den Alliierten ist der Zwang, wieder Erster zu sein, augenscheinlich.

Die enorme Geschwindigkeit ist innenpolitisch begründet. Der Abzug findet im Zeitraffer statt und seine Vollendung in der geplanten Truppenreduzierung der GUS. Sie ist ein Ausdruck für die sozialen Probleme der ehemaligen Sowjetunion. Für die Bankrotterklärung eines Systems, das nicht mal mehr die Militärs benutzen kann, die einst seine Stabilität garantierten. Militärs, die ihrer Ordnung bis zuletzt verhaftet sind. Sie treten den geordneten Rückzug in eine viel unsichere Zukunft an. Sie sind einem Eid verpflichtet, der immer noch gilt, solange sie die Uniform tragen. Viele handeln, indem sie Deutschland verlassen, gegen ihre persönlichen Interessen. Eine Desertion ist scheinbar immer noch unmöglich, trotz der Funktionslosigkeit uniformierter Nomaden.

Noch weht die Fahne der Sowjetunion in der Erinnerung. Die fotografischen Wahrnehmun-

gen und Gesprächsaufzeichnungen stammen von Autoren derselben Generation. Ihre Über–
einkunft bestand darin, auf ein Phänomen zuzugehen, das schwindet. Der eigenen Erinnerung fehlten Begegnungen, Bilder und Gespräche. Insofern reflektieren die Fotografien eine
ungeschaute Wirklichkeit. Bild und Schrift bedeuten eine Haltung, die Geschichte nicht
linear und darum magisch sehen will.

Die Russen gehen auf eine Weise, die Bleibendes einsam zurückläßt. Sie sind weg. Das läßt
sich alsbald nur noch lokalisieren. Dann sind Fotografien wichtig, die das eingetretene
Schweigen bezeichnen.

Thomas Kumlehn

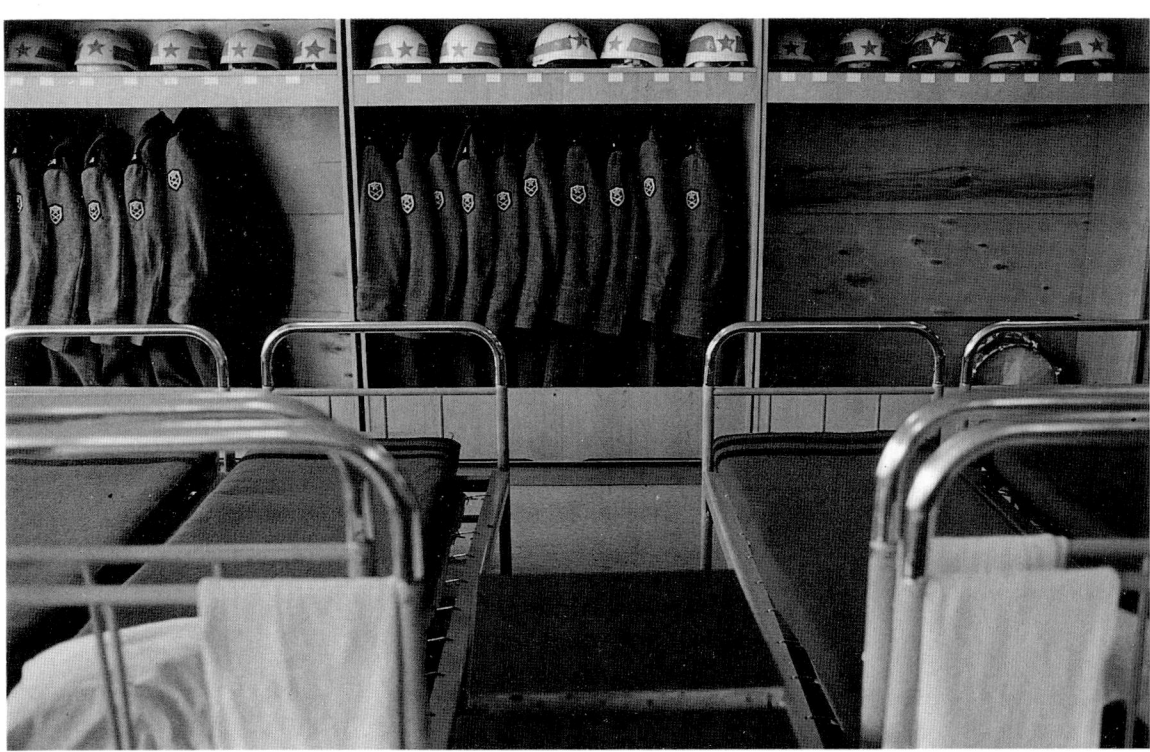

Die Porträts wurden von zwei Filmen vergrößert,
die der Fotograf im Müll einer verlassenen Neuruppiner GUS-Kaserne fand.

Gesprächsprotokolle von Thomas Kumlehn

Die folgenden Selbstgespräche fundieren auf der Wechselrede. Ich suchte Menschen, die aufgrund ihrer Wohnlage, ihres Broterwerbs, ihrer Interessen alltägliche Begegnungen mit Russen hatten. Sie waren schwer zu finden. Sie sind eine Minderheit.

Die Aufzeichnungen wurden von den Befragten autorisiert. Die vorliegenden Monologe erfuhren insofern eine redaktionelle Bearbeitung, als daß die Eigenheiten der Sprache, der wörtlichen Rede auch, in einem ihr fremden Medium, dem Buch, zu bewahren waren. Die Texte enthalten viele Brüche, die den spontanen Umständen der Gespräche geschuldet sind. In günstigen Augenblicken haben sie sich entfaltet, obwohl die Situationen von Gedankensprüngen gezeichnet waren. Die angesprochenen Erfahrungen tauchten oft unerwartet auf.

Als Streiflichter eines Denkens, welches sich gewöhnlich nicht derartiger Reflexionen bemächtigt.

Also könnte es ja sein, daß gelesene Sätze die Stimmen derjenigen zurückholen, die sie ausgesprochen haben.

Daß die Stimmen während des Lesens hörbar werden.

Klaus H., Maler und Grafiker, 52

Ich bin ganz anonym aufgewachsen.

Meine Mutter war eine überzeugte Nationalsozialistin. Sie arbeitete als Personalleiterin in einem Waffenwerk in Berlin-Dahlem und nahm in dieser Funktion auch an Geheimgesprächen Hitlers teil. Meine Mutter wollte mich von Anfang an nicht haben. Sie legte ihren ganzen Ehrgeiz in ihre Arbeit. Ich wurde zu fremden Leuten gegeben – zu einer Ziehmutter, einer ganz furchtbaren Frau. Erinnerungen an die Zeit habe ich bis zu meinem dritten Lebensjahr. Ich wurde wegen jeder Kleinigkeit unmäßig geschlagen. Und wenn es ein Loch im Strumpf war. Ich lebte damals in Angst und Schrecken.

1942 wurde der Familie, die kinderreich war, eine Ostarbeiterin zugeteilt. Sie war Russin und kam aus der Ukraine. Ihr erging es wie mir. Sie wurde meine wichtigste Bezugsperson. Es entstand zwischen uns eine ganz innige Beziehung. Sie war so was wie ein Mutter-Ersatz. Mit dieser Frau, sie hieß Sonja, lebte ich drei Jahre zusammen in der Nähe von Landsberg an der Warthe. Sonja verschwand aus meinem Leben, als die Russen dort einmarschiert waren. Ich blieb mit meiner starken Sehnsucht nach ihr zurück.

Ich fühlte mich sehr allein. Aber ich hatte einen Menschen kennengelernt, der mich tief berührt hat. Mit ihr hatte ich ein anderes Lebensgefühl als vorher. Ich wollte so oft wie möglich mit ihr zusammen sein und begleitete fast alle ihre alltäglichen Verrichtungen. Ich bewunderte ihre Art, wie sie sich in der Natur bewegte. Beispielsweise wenn ich mit ihr Holz holen ging. Ich glaube, Menschen wie Sonja standen der Natur nie gegenüber, sie fühlte sich in ihr verwurzelt. Im Gegensatz zu meiner Erziehung, die Aufzucht war, spürte ich im Umgang mit ihr zum ersten Mal Behutsamkeit und eine zutiefst poetische Nachlässigkeit.

Ich hatte ein positives Vorurteil, als die Russen einmarschierten. Vielleicht wollte ich weniger befreit werden, als daß ich jemanden brauchte, der die Lücke füllte, die Sonjas Abtransport hervorrief. Aber ich hatte auch eine große Angst, weil man uns erzählte, daß wir jetzt alle sterben müssen.

Ich sah aus dem Fenster des Hauses, in dem wir gerade wohnten. Da ich sehr klein war, blickte ich gerade so übers Fensterbrett ins Freie. Da rollten gerade die angekündigten Panzer über die Dorfstraße. Auf jedem Panzer saß ein Soldat. Plötzlich blieben alle Panzer stehen. In diesem Moment kletterte ein Soldat vom Panzer, rannte auf mein Fenster zu, ich duckte mich ab, er griff mich und hob mich lachend hoch. Und er sagte etwas, was ich erst viele Jahre später verstand: *Fürchte Dich nicht.*

Er trug mich zum Panzer. Fragte mich, *Wie heißen Sie?* Später stellte ich fest, daß die Russen uns Kinder generell siezten. Ich sagte *Klaus.* Da lachte er und sagte *Klaus ist in den Wald gegangen, weil er wollt die Vöglein hören. Auf den Baum ist er gestiegen, weil er wollt die Vöglein kriegen. Das ist ein Gedicht von Heinrich Heine.* Er sprach mit russischem Akzent, aber in einwandfreiem Deutsch. Ich war völlig konsterniert. Aber er lachte, nahm mich bei der Hand und ging mit mir zurück zu unserem Haus. Und alle sahen erschrocken zu. Ein paar Tage später wurden wir ausgewiesen. Das war im Sommer 1945. Wir kamen dann irgendwann mit einem Flüchtlingstreck in Potsdam an. Das war in der Hungerzeit. Ich wurde arbeiten geschickt, sonst hätten wir nichts zu essen gehabt. Da bin ich zu denen gegangen, von denen ich annahm, daß sie etwas zu essen haben. Für einen Kanten Brot trug ich russischen Frauen die Taschen. Oder ich habe Kohlen in Keller geschippt. Das war eine sauschwere Arbeit, so ausgehungert, wie ich war. Ich erinnere mich besonders an einen der sehr kalten Tage. Der Wind blies durch mein Hemd. Ich stand vor einer Kaserne, weil aus einem der Fenster im Souterrain ein warmer Lufthauch wehte. Plötzlich reichte mir ein Arm, ich habe nie erfahren, wem er gehörte, einen Teller Suppe.

Wenn man einen Russen kennengelernt hat, dann lernt man ganz schnell zehn kennen. Und bald sind es zwanzig. Ich habe sie oft eingeladen. Oft sind sie heimlich gekommen. Auch Ostern und Weihnachten. Da wurde von Nöten geredet, von der Ausweglosigkeit und dem Stumpfsinn, zu dem die Menschen hinter den Kasernenmauern verdammt sind. Ich habe oft erlebt, wie die strenge Hierarchie des russischen Militärs während dieser Abende und Nächte ganz schnell verschwand. Das Autoritätsgebahren zwischen den unterschiedlichen Chargen gab es auf einmal nicht mehr. Sie waren auf einmal ebenbürtige Menschen. Das hat mir sehr imponiert, obwohl ich wußte, wie schweinisch die russischen Rekruten von ihren Offizieren behandelt wurden. Ich wußte auch von Todesfällen. Das haben sie erzählt.

Ich saß mal in einer Gaststätte. In der wurde ich von einem Menschen um Feuer gebeten. Ich hörte den Akzent raus und fragte ihn, ob er Russe sei. Er bejahte und setze sich zu mir. Ich war froh, daß ich mit jemandem reden konnte. Er erzählte mir, daß er bei Jüterbog bedienstet sei, aber im Zivildienst und daß er ein paar Tage frei habe. Als ich ihn fragte, wo er denn hier wohne, antwortete er, daß jetzt Sommer sei und er draußen schlafe. Ich war so naiv, ihm zu glauben.

In Wirklichkeit war er abgehauen, hatte seine Uniform im Wald versteckt, einen Kahn, der hier in der Bucht lag, aufgebrochen und sich alles, was er zum Leben brauchte, zusammengestohlen. Aber das erfuhr ich viel später.

Ich lud ihn ein, und er wohnte bei mir zehn Tage. Dann sagte er, daß er jetzt fahren müsse. Aber am nächsten Tag war er schon wieder da, und wir haben schöne Spaziergänge gemacht und hatten Gespräche. Und dann fuhr er wieder ab.

Am nächsten Morgen werde ich wach. Da steht die Kriminalpolizei vor meiner Tür. Und nun ging es los. Die Deutschen hatten ihn angezeigt, die Polizei hat ihn verhaftet und überstellt. Ich dachte, den erschießen sie. Da habe ich dann, nachdem ich lange überlegt habe – ich rannte zu Hause immer die Diagonale im Zimmer ab – einen langen Brief geschrieben. An den Kommandanten hier in Potsdam. Ich stellte dar, wie ich ihm begegnet bin, daß er große psychische Probleme habe, und daß er dafür nicht verantwortlich sei. Ich wollte den Brief persönlich übergeben. Ich kam da rein, informierte den Posten über mein Begehr, der ließ mich durch, aber ich fand niemanden. Nachdem ich das Haus bis zum Dach abgesucht hatte, ging ich wieder runter, und da öffnete sich ein Raum. Sah aus wie eine Telefon-Zentrale. Ich erzählte ihm wieder, was ich wolle, und dann kam plötzlich ein Dolmetscher heraus. Der war sehr freundlich, und es stellte sich heraus, daß er mich schon kannte, daß ich observiert worden war, auch von der Kommandantur. Der Dolmetscher nahm den Brief und erzählte, daß sie ihn schon nach Rußland geschickt haben. Ich fragte, *Werdet Ihr ihn erschießen? – Aber nein.*

Ich habe immer gestaunt über die Russen. Das Leben ist für sie mehr so ein Spiel. Sie sind so unbekümmert. Sie machen etwas, wofür sie unbarmherzig bestraft werden, und doch machen sie es einfach. So lehnen sie sich dagegen auf. Und mit der russischen Geduld verbunden, ertragen sie die Strafen. *So ist das Leben*, haben sie immer gesagt.

Ich glaube, daß jetzt wieder viel deutlich werden wird von dem wahren russischen Wesen, das vor allem in der Kunst zu uns gekommen ist. Es wurde in der DDR so ein künstliches Konstrukt geschaffen. Der Homo sowjeticus. Und ich denke, die Nationalitätenkämpfe beweisen ja genug, daß eine Demokratie Einzug halten muß, die mit den dortigen Bedingungen umgeht. Es könnte natürlich genauso passieren, daß da wieder ein starker Mann auftaucht. Das befürchte ich.

Meine Leute denken, was ist Freiheit, wenn ich nichts zu essen habe. Das muß man anerkennen, auch wenn es mir schwerfällt.

Es gibt jetzt einige Leute, die hierbleiben und Leute, die in Rußland leben, die herkommen. Das ist normal. Das sind materiell interessierte Leute, die korrumpiert sind von westlichen Einflüssen. Die möchten so schnell wie möglich ein Bürgerleben, ein Auto usw.

Ich weiß, da ich über die allgemeine Not in GUSland sehr genau informiert bin, daß der Weggang vieler mit Überlebensfragen zu tun hat. Aber ich habe gerade am Mittwoch einen Freund, den ich seit sieben Jahren kenne, zur Bahn gebracht. Der war hier mit einer Deutschen verheiratet. Er hat alles stehen und liegen gelassen wegen dieser Frau. Sie saß zu Hause rum, beschimpfte ihn *(Die Russen sind alle Schweine, Deutschland den Deutschen.)* oder trieb sich mit Skinheads rum. Er hatte keine Mittel dagegen. Da hat er seinen Koffer genommen, seinen Fernsehapparat und die paar Sachen, die er erarbeitet und verdient hat und ist nach Hause gefahren.

Ohne seinen Sohn.

Er hat zu mir gesagt, er denkt nicht daran, sich wegen der Scheiß-D-Mark zu versklaven. Er möchte unter Menschen leben, unter Freunden. So kann er nicht leben. Jetzt ist er weg mit der Bahn – ohne Rückfahrkarte.

Aufgezeichnet im April 1992

Ursula E., Rentnerin, 70

Ich bin Berliner, ein richtiger. In Pankow geboren, mit Pankewasser getauft und in Berlin-Mitte aufgewachsen.

Als ich Lehrer werden wollte – 1941 – mußte ich meinen arischen Nachweis bringen. Bis 1813 hatte ich alles zusammen. Die väterliche Linie beginnt in Litauen und führte bis nach Nowgorod. Ich konnte die weitere Suche beenden, da ich vom Außenministerium den schriftlichen Bescheid erhielt, daß an meiner arischen Abstammung nicht gezweifelt wird. Ich war froh, daß ich Lehrerin werden konnte. Andererseits bedauerte ich, nicht zu erfahren, wo meine Vorfahren in Nowgorod gelebt und gewirkt haben.

Anfänglich arbeitete ich als Lehrerin in einem Dorf des Kreises Ost/Sternberg an einer Ein-Klassen-Schule. Und das als Berliner! Einhundertdrei Kinder kamen in diese Schule, die für drei Dörfer gebaut war. Die unterrichtete ich seit dem zweiten Kriegsjahr.

Am 1. Februar 1945 nahm die Rote Armee unser Dorf ein. Die Schule, in der ich etwa siebzig Flüchtlinge untergebracht hatte, wurde Kommandantur. Erstmals stand ich einem Rotarmisten gegenüber. Er fragte mich was, und ich verstand *Conny*. Conny hieß ein Schüler von mir. Mein Gott, habe ich gedacht, was hat er gemacht, warum suchen sie ihn. Immer wieder beteuerte ich, daß Conny nicht da sei. Als ihnen das zu bunt wurde, nahmen sie mich mit zur Scheune. Um Gotteswillen, dachte ich, vielleicht hat er sich hier versteckt. Ich war verzweifelt, und wiederholte, *nein, Conny ist nicht hier*. Da sahen sie wohl die Sinnlosigkeit ein, ihr Ansinnen verständlich zu machen. Sie stellten mich zur Seite und holten ihre Pferde, die sie in der Scheune unterstellen wollten. Conny sind die Pferde.

An der Oder waren harte Kämpfe. Die Rote Armee wurde zurückgeschlagen, die Wehrmacht stieß vor. So wechselte es mehrmals, bis Küstrin gefallen war und über die Oder der Vorstoß nach Berlin begann. Kurz darauf kamen Offiziere der Roten Armee und verhafteten mich. Da ich der einzige Staatsvertreter weit und breit war – unser Bürgermeister war 74 – kam ich in ein Internierungslager. Wie üblich begannen die Verhöre.

Ich war, wie die meisten jungen Menschen damals, überzeugt, daß alles seine Ordnung hatte. Auch der Krieg. Länder wie Österreich, die Tschechoslowakei, hatten uns doch um Hilfe gebeten. Zweifel an der Gerechtigkeit des Krieges kamen auf, als mein Verlobter eingezogen wurde und schrieb, was sich in Polen abspielte. Oder während meiner Studienzeit irritierte mich der Abbruch eines Manöverballs. Er fand im Juni 1941 statt.

Ich tanzte gerade, als Lautsprecher verkündeten, daß der Krieg gegen die Sowjetunion begonnen hat, und die Soldaten aufforderten, sofort in die Kasernen zu kommen. Ich stand wie betäubt, konnte, wollte nicht verstehen – weil ich doch so gerne tanzte.

Während der Verhöre fiel es mir schwer, meine Schuld zu begreifen. Der Offizier, der das Verhör führte, war ein kluger Mann. Er ließ es zu, daß ich mich empörte, als er gesagt hatte, wir würden unsere Kultur nicht schätzen. *Wie kommen Sie darauf,* fragte ich. Darauf er, *kennen Sie Goethe?* Und er begann Gedichte zu rezitieren. Ungeduldig unterbrach ich ihn und setzte fort. So ging es weiter mit Schiller und schließlich kam er zu Heine. Von Heine hatten wir in der Schulzeit kaum etwas gelernt. Aber die „Lorelei", die kannte ich. *Ja,* habe ich gesagt, *kenne ich, kann ich sogar ein Lied singen.* Und habe gesungen.

Ich habe mich sehr unbefangen in den Verhören verhalten. Einen Grund sehe ich darin, daß ich nicht zum Haß gegen die Menschen in der Sojus erzogen wurde. Meine Großmutter liebte russische Musik, russische Lieder vor allem. Wir haben viel Hausmusik gemacht.

Gefühle wie Haß und Angst waren mir während der Verhöre fremd. Das wurde mir abgenommen. Ich werde nicht vergessen, wie sich ein Offizier nach dem Verhör für meine Offenheit bedankte, obwohl sie, wie er anfügte, nicht immer in seinem Sinn war. Das war deutlich und hätte ins Auge gehen können. Als man unser Lager auflöste, kamen die Frauen für drei Jahre in die Ukraine zur Arbeit. Ich kam zu einer Gruppe des „Komitees Freies Deutschland" und habe in der Gruppe, in der außer einer Ärztin und mir nur Männer waren, den Kampf um Berlin miterlebt. In der Zeit habe ich ein Flugblatt geschrieben, einen Aufruf an die Frauen und Mädchen. Gegen den Krieg. Im Juni 1945 ließ man mich gehen, und ich schlug mich durch. Ich wollte wieder in das Dorf gelangen, in dem meine Großmutter wohnte und meine Schule stand. Ich schaffte es. Allerdings wiesen mich die Polen nach vier Tagen aus.

In Berlin angekommen, besaß ich nur noch das, was ich bei der Ausweisung tragen konnte. Der Schulunterricht hatte noch nicht begonnen. Ich bewarb mich in einem Institut in Dahlem, um Russisch zu lernen. Ich half dann dank meiner französischen Sprachkenntnisse und dem wachsenden russischen Wortschatz in den entsprechenden Kommandanturen als Dolmetscherin aus. In Berlin erhielt ich keine feste Anstellung, jedoch im Land Brandenburg wurde ich zum ersten Kursus für Russischlehrer delegiert. Der ging ein halbes Jahr. 1946 habe ich bereits Russisch unterrichtet, 1947 die erste Abiturprüfung in dem Fach abgenommen. Das war in Brandenburg, seit 1952 lebte ich in Potsdam. Das Fach lehrte man von der fünften Klasse an. Anfangs in 8- später in 10-Klassen-Schulen. In Potsdam arbeitete ich in der ABF und dann an der Akademie für Staat und Recht. Im letzten Jahr dort – bevor es mich wieder an die Schule zog – war ich Betreuer eines sowjetischen Gastprofessors, der bei uns die Doktoranden für Außenpolitik ausbildete.

Im selben Jahr, 1956, lud man mich als Teilnehmerin einer gesamtdeutschen Delegation des Deutschen Friedensrates nach Warschau ein. Anläßlich des Jahrestages der Volksrepublik Polen war ein Staatsempfang. Anwesend waren auch Bulganin und Chrustschow. Nach dem offiziellen Teil war Tanz. Ich wurde aufgefordert. Wohin mit der Handtasche? Kurzentschlossen bat ich meinen Tischnachbarn, einen älteren Herrn in einer russischen Uniform, der einen stolzen Schnurrbart trug, sie zu bewachen. Er nahm sie und ich ging tanzen. Mein Tanzpartner fragte mich, ob ich wüßte, wem ich meine Handtasche gegeben habe. Als ich verneinte, sagte er, daß es Marschall Budjonny sei.

Seit 1959 bin ich oft in der Sojus gewesen. Ich habe dort auch Gagarin kennengelernt, kurz bevor er das erste Mal in die DDR reiste. Er fragte mich nach dem Land, aus dem ich kam. Vor seinem Leben habe ich große Hochachtung. Als er verunglückte, bin ich immer, wenn ich in Moskau war, zu der Stelle gefahren. In letzter Zeit nicht mehr, weil es dort jetzt so touristisch ist. In der Sojus habe ich sehr viele Freunde, die ich mit meinem Mann oft besucht habe. Wir wohnten bei ihnen und nicht in Hotels. So lernten wir das Leben in den Familien kennen. Mein Mann hat immer gesagt, unsere Freundschaft ist unser Auto.

Natürlich waren die Besuche nicht einseitig. In jedem Jahr waren auch Freunde bei uns.

Als mein Mann starb, waren meine sowjetischen Freunde mit die ersten, die kamen, mir Trost und Hilfe zu geben. Am Tag der Beisetzung waren sie – ohne, daß ich es vorher wußte – mit ihrer Kapelle da, um ihm die letzte Ehre zu erweisen.

Seit 1959 gab es Schulen mit erweitertem Russisch-Unterricht. Das war eine generelle Entscheidung von uns, dem Ministerium für Volksbildung. In Potsdam war ich Direktorin der ersten Schule dieser Art. Ich habe das sehr gern übernommen. Wir haben auch sehr viel erreicht.

Ich hatte den Ruf, sehr streng zu sein. Sicher, ich war immer dagegen, daß man den Schülern die Zensuren hinterherschmeißt. Das hat sich rumgesprochen. 1962 habe ich angefangen, mit der Schule der Garnison, in der russische Kinder in Potsdam lernten, ganz feste Verbindungen aufzubauen. In der Garnisonsschule habe ich dreizehn Direktoren kennengelernt. Es war nicht immer einfach. Ich habe es so gesehen: Sie sind bei uns und nicht wir bei ihnen. Also bin ich derjenige, der auf sie zugehen muß. Das habe ich behutsam getan, weil es dreizehn verschiedene Menschen, vielleicht aus dreizehn verschiedenen Republiken, mit dreizehn verschiedenen Vorstellungen über Deutsche waren. Das kostete Kraft, immer wieder neu Vertrauen aufzubauen. Ich habe angeregt, mit jeder Klasse eine Verbindung zu Gleichaltrigen zu knüpfen. Das war letztendlich immer davon abhängig, ob die Klassenleiter den Weg zueinander fanden. Wir veranstalteten grundsätzlich Treffen zu Fest- und Feiertagen. Wir waren immer eingeladen zum Neujahrsfest. Mit der Jolka und den an ihr hängenden Geschenken. Fasching haben wir gemeinsam gefeiert. Im Rahmen der Wehrertüchtigung haben die Jungen sportliche Wettkämpfe durchgeführt. Es gab eine Vielfalt. Die Mädchen haben gebacken. In der Garnisonsschule gehörte das Backen zum Unterricht, bei uns gab es dafür Arbeitsgemeinschaften. Sehr geholfen haben uns die Forschungsaufträge. Wir haben mit Schulen in der Sowjetunion korrespondiert. Die haben wir gebeten, z.B. Abbildungen von Trachten zu schicken. Dann haben unsere Mädchen die Trachten genäht, Tänze eingeübt oder Lieder, die man in den Republiken sang. Wir haben auch begonnen, Ukrainisch zu lernen...

Da sind ganz hervorragende Dinge entstanden. Im Haus der DSF haben wir viele Veranstaltungen durchgeführt. Russisch-Olympiaden, Kosmonauten-Feste.

Gestört haben mich die Sicherheitsbestimmungen der Freunde. Die Eingeladenen kamen plötzlich nicht. Das hat manch bitteren Nachgeschmack hinterlassen. Ich habe nie erlebt, daß jemand ein Treffen unwillig vorbereitet hat. Alles wurde mit viel Liebe und in großer Erwartung gemacht. Wenn sie dann nicht kommen durften, gab es große Enttäuschung auf beiden Seiten. Und wer hat davon einen Nutzen gehabt?

Das hätte man sich sparen können und es wäre vieles leichter gewesen. Gegen wen wollte man sich abgrenzen?

Aufgezeichnet im November 1992

Ralph W., arbeitsloser Hausbesetzer, 26

Witzigerweise kann ich mich noch an meine allererste Russischstunde erinnern. Und zwar deswegen, weil ich in der fünften Klasse auf die Begegnung mit der fremden Sprache gespannt war. Unsere Schule befand sich neben einer russischen Kaserne. Was eine Mitschülerin in dieser Unterrichtsstunde anregte, spontan, *eh, die Russen da draußen,* auszurufen. Worauf unsere Lehrerin empört korrigierte, *das sind keine Russen. Das sind Sowjetbürger.*

Die ersten tatsächlichen Kontakte ergaben sich jedoch erst auf der Penne. Da wurden Freundschaftstreffen organisiert. Der Ablauf war ritualisiert. Die Russischlehrerin zeigte Dias, es gab Tee und Kekse. Vor allem die Sprachbegabtesten waren verpflichtet, anwesend zu sein. Man saß in quasi-quotierter Runde – ein Komsomolze, ein FDJler, ... – und tauschte Freundschaftsgeschenke aus. Die Gespräche gingen nicht tief, dafür waren das Interesse zu oberflächlich und die Sprachkenntnisse zu gering. Briefkontakte, die dort entstanden, versandeten meist sehr schnell.

Ich besuchte in der EOS eine Sprachklasse und war mit dieser Spezialisierung für ein Fremdsprachenstudium prädestiniert. Das war ein vorwegnehmender Automatismus, der meine Berufswahl bestimmte. Ich hinterfragte das damals nie, weil ich durchaus Lehrer werden wollte. Ich habe erst während des Studiums bemerkt, daß meine sprachlichen Neigungen nicht zu vereinbaren waren mit der methodischen Ausbildung eines zukünftigen Pädagogen. Ich habe auch viel zu spät begriffen, daß ein Lehrer immer Staatsdiener ist. Trotzdem habe ich immerhin viereinhalb Jahre Pädagogik studiert.

Während des Studiums verbrachte ich ein Jahr in der Sowjetunion, in Rostow am Don. Ein halbes Jahr war jeder Student verpflichtet, in der SU zu studieren, um Sprache und Kultur besser kennenzulernen. Ein ganzes Jahr sollten eigentlich nur Beststudenten fahren, als eine Art Auszeichnung. Das konnte nicht realisiert werden, da in meiner Studienrichtung sehr viele Mädchen waren, die einen Riesenhorror davor hatten, ein Jahr von zu Hause weg zu sein. Also fuhren die, die wirklich Lust hatten und die, die sich verpflichtet fühlten. Wenn dann die Gruppen zusammengestellt wurden, war es sehr schwierig, die entsprechende Anzahl, nämlich zwanzig Studenten, zu finden. Ein Jahr lang wurden die Gruppen immer auf ihren SU-Aufenthalt vorbereitet, um als einheitliche FDJ-Gruppe fahren zu können. So erhielten auch wir vor der Abreise einen „Verhaltenskatalog". Partei- und Institutsleitung machten uns klar, daß wir dort die DDR repräsentieren und wie Perestroika richtig einzuschätzen ist.

In Rostow angekommen, gab es dann Ab- und Anmeldepflicht, ständige Versammlungen, konventionelles Gruppenverhalten – beispielsweise waren selbständige Fahrten in das Land nicht gestattet. Insgesamt fühlte ich mich stark eingeschränkt.

1988/89, als ich dort war, waren Perestroika und Glasnost in vollem Gange. Für uns aus der DDR galt die Auflage, die dortigen politischen Veränderungen als SU-Interna anzusehen und einzuordnen. Dagegengehalten wurde uns der letzte Pädagogische Kongreß, auf dem Margot Honecker letztmalig auftrumpfen konnte. Dem Einbläuen der Sprüche folgte die Aufforderung, entsprechende Konsequenzen zu ziehen.

Ich suchte sehr bald Kontakt zu jungen Einheimischen, was andere in der Gruppe, vielleicht aus Berührungsängsten, nicht taten. Ich interessierte mich besonders für Rockmusik und lernte ausgeflippte Typen in Rock-Clubs kennen. Das waren Selbsthilfe-Gruppen von Musikern, Malern, Dichtern. Das waren meist Alkoholiker und Drogensüchtige. Viele hatten keine eigene Wohnung und lebten in besetzten Häusern. Die Maler waren meist Autodidakten. Sie hatten keine Ausstellungsmöglichkeiten und mieteten darum ein öffentliches Klo, in dem sie ihre erste eigene Ausstellung machten. Die besuchte ich zufällig ganz am Anfang meines Aufenthaltes. Einer von ihnen, der Maler Awdej, besuchte mich im Wohnheim und lud mich kurze Zeit später zu seiner Geburtstagsfeier ein. Er wohnte in einem dieser Neubauviertel am Rande der Stadt. Als ich dort ankam, waren alle schon besoffen und zugekifft. Das Gras wurde vor der Stadt angebaut. Das wußte ich. An diesem Abend sang man viel, vor allem Lieder von Barden, die damals sehr populär waren. Die hatten uralte Texte ausgegraben und diese dann mehr oder weniger rockig vertont. Schließlich griff man einen Refrain an diesem Abend immer wieder auf, *...ich habe alle Worte längst vergessen, nur das Wort Scheiße nicht...* Die Stimmung ist sicher vorstellbar, selbst wenn man nicht weiß, daß das Wort Scheiße eine viel drastischere Bedeutung als im Deutschen hat. Ich hatte ein furchtbar trauriges Gefühl in dieser heruntergekommenen Neubauwohnung. Es war nicht auszuhalten.

Das sentimental-melancholische Verhalten, wurde mir oft erklärt, hat mit einem von den Russen empfundenen Kulturverlust zu tun. Der beginnt mit der Christianisierung Rußlands. Sie wird oft wie ein Trauma bewertet. Für Leute, wie den Maler Awdej, liegt das Urrussische im Heidentum. Sie empfinden sich wie Russen mit gekappten Wurzeln. Sie wollen dorthin zurück.

Nachdem ich mit Unmassen an Informationen – auch dem damals verbotenen „Sputnik" – in die DDR zurückgekehrt war, wollte ich sie weitergeben. Doch ich hatte den Eindruck, daß das niemanden interessierte. Dann erfuhr ich vom Aufruf des Neuen Forum, den ich gleich unterschrieb. Später gelangte ich aufgrund meines Engagements in den „Kreis der 30". Ich arbeitete im Kontaktbüro des Neuen Forum mit, solange ich dessen Politik mittragen wollte und das Gefühl hatte, daß ich meine in der SU gesammelten Hoffnungen umsetzen kann. Enttäuscht trat ich im März 1990 aus. Ich war grundsätzlich gegen den Anschluß und zweifelte inzwischen auch an den basisdemokratischen Strukturen. Die Sammelbecken-Ethik ist mir zutiefst suspekt geworden.

Noch zweimal hatte ich von Leuten aus der GUS Besuch. Der erste kam noch während der Währungsunion. Er wollte unbedingt nach Westberlin, hatte aber keine Besuchserlaubnis. Wir kletterten illegal über die Mauer, die ja schon keine mehr war. Wir hatten zwar beide kein Westgeld, trotzdem hat er sich einen Traum erfüllt und kaufte sich von geborgtem Geld eine Fendergitarre.

Der zweite Besuch war ein Pärchen. Sie hatten ihr Kind in Moskau zurückgelassen und wollten eigentlich übersiedeln. Ich half ihnen bei einigen Gängen durch die Bürokratie. Wir haben allerdings nichts erreicht. Sie erhielten keine Aufenthaltsgenehmigung und fuhren unverrichteter Dinge zurück. Sie hatten kein Geld mehr. Ich versuchte ihnen zwar, bei der Beschaffung von Geld zu helfen – sie hatten Ikonen mitgebracht –, da der Markt dafür aber völlig übersättigt war, hatten wir keinen Erfolg.

Kontakte zu Sowjetbürgern habe ich keine mehr, weil man in der jetzigen Situation doch eher zum Fluchthelfer wird, wofür ich die Energien nicht habe. Das zeigte sich auch bei meiner Arbeit als Dolmetscher für den Verein, der die Bestandsaufnahme im Militärlazarett der GUS-Streitkräfte in Beelitz-Heilstätten vornahm. Wir wurden hin und wieder um mehr als Zigaretten gebeten...

Vor kurzem kam ein deutsches Mädchen zu mir, die in einem von russischen Offizieren und Zivilangestellten bewohnten Haus eine leerstehende Wohnung entdeckt hatte. Da ihr Sprachvermögen für ein Gespräch mit den Mietern nicht ausreichend war, bat sie mich, an dem Gespräch teilzunehmen. Es stellte sich heraus, daß die Bewohner, obwohl sie schon längst hätten zurückfahren müssen, dort illegal weiterwohnten. Wovon sie leben, kann ich nur vermuten. Jedenfalls hatten sie nichts dagegen, daß das Mädchen einzog. Was sie dann auch tat. Sie wurde geduldet.

Aufgezeichnet im April 1992

Petra und Siegfried H., Fahrkartenverkäuferin und Kioskbesitzer, 44/48

Ich habe früher meine Hunde – ich hatte Schäferhunde – auf Russen abgerichtet. Ich habe ihnen eine Russenhose oder -jacke um die Ohren gehauen. Und sie haben unser Grundstück bewacht. Ja, ich war ein Russenfeind. Dafür habe ich Gründe gehabt. Ein Grund war, daß ich Angst hatte vor den Russen. Sie haben versucht zu klauen. Durch meine Hunde hat mir nicht ein Strumpf gefehlt. Ich bin Tischler von Beruf und war Betriebshandwerker. Erst war ich zwölf Jahre im RAW als Tischler und dann bin ich zum Kraftverkehr gegangen. Und dann kam die Frage. Mit 48, Kreuz kaputt, Feierabend, was machst Du nun?

Ich habe hundertprozentig auf die Russen gesetzt. Das ist auch hundertprozentig aufgegangen. Das ist hier unser Haus. Die Garage ist ausgebaut worden als Kiosk. Ich sagte, es gibt nur eins, die Flucht nach vorn.

Wir hatten die Kneipe vierzehn Tage auf, da steht einer in der Luke drin, *Petri, ich liebe dich.* Unsere Kneipe hieß damals „Bistro Wolkow". Nach dem Kommandanten. Es ist ja alles Russengelände hier. Seit '73 wohnen wir hier. Aber vor der Wende war gar nichts. Man hat auch nichts mitgekriegt. Wir durften ja auch nicht. Hier, also hinter unserem Garten, waren zweitausend Soldaten. Mit den Offizieren zusammen ungefähr zweitausenddreihundert. Hier ist alles zu gewesen und hinter uns ist gleich der Schießplatz. Wir haben nachts die Panzer gehört, wenn sie rausgefahren sind. Die eine Nacht waren es 278 Panzer. Wenn sie zu Übungen gefahren sind, das hast Du gehört.

Hot Dog, Pizza, Baguette, Eis. Nur für die Stammgäste machen wir mal was anderes. Aber normalerweise nicht. Dafür haben wir einen viel zu kleinen Laden. Alle möglichen Sorten Getränke – 11 Sorten Bier, Brause, Fanta, Cola, Sprite –, Süßigkeiten. Und das Billardzimmer, freitags und sonntags, für die besten Freunde. Das waren vier Deutsche und vier Russen. Aber unsere Kneipe wurde besucht, als wäre sie dreifach. Drei Verkaufsstellen.

Die Soldaten durften kein Bier und keinen Schnaps kriegen. Aber die hatten ja auch Durst und sie suchten sich einen Weg. Sie sind bei unserer Nachbarin in den Garten, und die kam dann zu uns und holte für die Soldaten Schnaps und Bier. Oder sie kamen hinten durch unseren Garten. Sie hatten den Zaun runtergetreten und standen hinten am Schuppen. Und die dritte Verkaufsstelle war die offizielle. Da standen sie an meiner Luke und haben uns Benzin verkauft für Schnaps und Bier.

Das war eben so. Das war üblich für die Soldaten. Wenn sie erwischt worden sind, wurden sie total gefilzt. Die mußten ihre Jacke ausziehen, Koppel abmachen, Hemd ausziehen. Bis auf die Turnhose mußten sie sich ausziehen. Besoffene Offiziere haben Soldaten ausziehen lassen und ihnen das Bier weggenommen. Da habe ich den Offizieren das Bier weggenommen und habe es ausgegossen. Und ein paar mal bin ich hinter den Soldaten hergerannt und habe ihnen das Geld zurückgegeben. Die hatten ja kaum Geld. Du mußt Dir vorstellen, die kommen an und Du weißt ganz genau, die haben zwei Mark in der Tasche. Hariboschnecken oder irgendwas kostet einen Groschen. Sie haben zwei Mark und sind zu dritt. Das dauert eine halbe Stunde, denn zwei Mark durch drei Mann lassen sich schlecht rechnen.

Mein Mann fragt grundsätzlich, auch wenn ein Deutscher vor ihm steht und ein Bier haben will, *bolschoi oder malenki*. Es gab Offiziere, die wollten an ihrem Status festhalten. Aber es gab auch andere. Wenn ein Soldat ankam und hat nur einen Kaugummi gekauft, dann hat so einer gesagt *und eine kleine Flasche Bier* und hat sie ihm gekauft. Sascha zum Beispiel hat, wenn er hinten im Gastraum saß und durch die Luke einen Soldaten gesehen hat 1,20 DM hingelegt und dann wußte ich genau, ich soll dem ein Bier geben. Aber der Chef vom Ganzen, Boris Ivanow, ein kleiner Mongole, das war ein Schwein. Der hat einen falschen Namen benutzt, der nannte sich immer Wolkow. Am 7. Januar haben wir bei uns Prasdnik gemacht. Nur hohe Offiziere. Da mußten die anderen aufstehen und in den Garten gehen. Nach der Wende hatten die am 7. Januar Weihnachten. Vorher durften sie – von Lenin befohlen – Jolkafest am 31. Dezember machen. Die haben 'ne Zeche gemacht, natürlich nicht bezahlt. Für solche Fälle gab's das Schwarzbuch. Summe notiert, Unterschrift, gut. Das waren ein paar hundert Mark. Lange nichts gehört. Im April kommen drei von denen an und wollen Bier. Ich sage, *nee, nix*. Ich hatte gerade erst eine Pistole. Ich sage, *los raus*. Die Pistole hatte ich in der Hand. Die sind gegangen, alle drei. Nach zehn Minuten kommen sie wieder und schmissen mir das Geld durch die Luke so halb an die Brust. Ich sage, *da fehlt noch Kleingeld*. Da schmiß mir der eine das auch noch hin und ich habe ihm das Wechselgeld ins Gesicht geschmissen. Da wollt er mir an den Hals. Ich wieder, *raus*. Da hat er mir gedroht, mit einem Panzer zu kommen und alles einzuschieben. Dann kamen die vom KGB und der Stadtkommandant und haben gefragt, was passiert ist. In Gegenwart der drei Offiziere. Die standen da wie kleine Kinder, aber wir haben sie nicht verpfiffen. Ist alles in Ordnung, hier ist nichts passiert, haben wir gesagt. Der Kommandant wurde mal rot und mal blaß. Aber das haben wir nicht gemacht.

Eine wunderschöne Story: Es ist Frauentag. '90. Einen Abend vorher haben sie Petra Tulpen auf die Stufen hier gelegt. Bis um halb zwei ging das. Dann sind wir endlich schlafen gegangen. Und nächsten morgen, früh um acht, steht eine russische Blaskapelle im Vorgarten. Die haben losgelegt und wir standen im Bett.

Kurze Zeit später muß ein Freund zurück nach Rußland. War Militärzahnarzt. Spitzname Wladimir Rupp. Er muß nach Hause und verabschiedet sich. Es hält ein Lkw hier vorn. *Siegfried, Petra rauskommen*. Es steigen acht Soldaten von dem Lkw und Wladimir Rupp sagt, *Präsent*. Auf einmal laden die acht Soldaten ein Klavier ab.

Das Klavier steht ein paar Tage, da kommen 31 Bundeswehrsoldaten. Das war so eine Big Band von der Bundeswehr. Einer von denen wollte unserer Tochter ein bißchen was beibringen. Guckt sich das Klavier an, trommelt darauf rum und sagt, *das ist verstimmt, das kannst Du wegschmeißen*. Das hört Serjosha, ein Musiker von der russischen Militärkapelle, setzt sich ran, klimpert einmal durch und sagt, *wir spielen*. Er fängt an und spielt „Schwarze Augen". Dann Tschaikowski, Verdi. Serjosha sagt zu ihm, *Frank, nun komm*. Aber der wollte nicht. Dann hat Serjosha Gershwin gespielt. Später kam noch ein Russe, Viktor, dazu. Vierhändig. Und zum Schluß auch Jura. Sechshändig. Die Bude hat gewackelt. Da haben die Bundeswehrsoldaten gesagt, *zehn Klassen besser als wir, da kommen wir nicht ran*. Da fing Serjosha noch mit Waldhorn und Trompete an. Da war der Abend gelaufen. Die Bundeswehrsoldaten sind hier stationiert, haben unser Schild „Siegfrieds Quelle" entdeckt und sind auch unsere Stammgäste geworden.

Ich arbeite noch, ich habe noch einen Job. Sogar im Schichtdienst. Abends helfe ich hier selbstverständlich mit. Ohne Kneipe könnte ich gar nicht leben. Von morgens um sechs bis abends um sonstwann bin ich auf den Beinen. Aber das macht nichts. Nach 26 Jahren Kraftverkehr – ich bin Bus und Taxi gefahren, Sekretärin gewesen – verkaufe ich jetzt Fahrkarten. Mit den Nationalitäten gab es hier auch Ärger. Die Ukrainer und die Belorussen waren sich nicht grün. Aber die haben uns das nicht spüren lassen. Das haben sie unter sich ausgemacht. Es ist ja bei denen so mit den Nationalitäten, es gibt welche, die geben mir die Hand, welche, die begrüßen mich mit Handkuß und dann gibt es welche, die grüßen eine Frau überhaupt nicht. Die haben mich vollkommen ignoriert, obwohl ich die Gastwirtin war und sie bedient habe. Die haben mir gezeigt, was sie wollten, aber kein Wort gesagt.

Jetzt haben wir nicht mehr so viele in Uniform hier. Viele Zivilisten. Die sprechen viel Slang, polnisch, russisch. Wir wissen, daß hier schon Asylanten wohnen. Das Wort finde ich schlecht. Ich sage immer Asylsuchende. Das versuche ich auch unseren Gästen hier beizubringen. Das sind Leute, die irgendwann, irgendwo Hilfe suchen. Man muß unterscheiden und versuchen, die Menschen zu verstehen.

Du hast Wolgadeutsche, die sprechen Deutsch. Wir hatten gestern einen, der sprach kein Wort deutsch. Nur russisch. Ich habe mit ihm russisch gesprochen. Auf einmal erzählt er mir, er lebt seit zehn Jahren in Polen. Da habe ich angefangen, ein paar Worte polnisch zusammenzusuchen. Und nach drei Sätzen fängt er an zu berlinern. Was machst'n da? Da mußt Du vorsichtig sein. Und vorher, als die richtigen Russen noch in Uniform waren, da konnte man sich drauf verlassen. Die konnten nicht bezahlen, da kamen sie eben ein paar Tage später mit einem halben Schwein an. Bei den Russen gab's 'nen großen Küchenchef, einen kleinen und Plüschauge. Küchenchef I, II und III. Die haben nicht mit Geld bezahlt, sondern mit Würsten und halben Schweinen. Einmal haben sie einen Amurkarpfen angebracht. Dann hast Du eben den Zettel aus dem Schwarzbuch gerissen. Wenn Du umgerechnet hast als Hausfrau, dann hast Du 15 oder 20 Mark dazustehen gehabt.

Es gibt viele Sachen, die uns sehr beschäftigt haben. Wo wir auch im Duett geheult haben. Wenn sie ankamen und sich verabschieden wollten. Dann haben sie vor uns gekniet und haben gesungen und Gitarre gespielt, richtig gekniet. Wir haben Adressen, stapelweise Adressen, wenn wir jetzt überall dahin schreiben... Wir haben sogar ein Visa nach Leningrad, jetzt St. Petersburg, gekriegt. Von den Großeltern der Leute, die hier waren. Die, nicht die Eltern, haben uns eingeladen, weil über uns gesprochen worden ist, über die Situation in Potsdam.

Es ist ein großer Wahnsinn. Man kann viele Sachen gar nicht wiedergeben.

Ostern. In Deutschland ist es ja normalerweise so, daß Eier gesucht werden. Nun mußt Du Dir zehn, zwölf Russengören vorstellen. Die kannten das nicht. Da kamen die Russen an, die Eltern mit Kindern und mußten suchen. Wir haben in der Kneipe alles vorbereitet. Die Eltern von den Russengören mußten die Eier verstecken. Ich hatte mit meiner Bekannten kleine Osterbeutelchen gemacht. Die Kinder warteten erst in der Kneipe. Dann haben wir sie rausgelassen. Das war vielleicht was. Es waren ungefähr fünfzig Kinder auf dem Gelände hier und dazu die Eltern. Mit Sackhüpfen, Eierlaufen, Blinde Kuh, Topfschlagen. Wir waren fix und fertig. Die Spontaneität war unwahrscheinlich. Da reden die heute noch von.

Oder Weihnachten. Ich stehe im Kiosk. Da hatten sich vier Russen unter die Luke gehockt, so daß ich sie nicht sehen konnte. Da stand einer nach dem anderen auf und jeder sagte einen Namen. *Arthos, Portos, Aramis, D'Artagnan. Ah*, sage ich, *Alexandre Dumas*. Und dann ging das los. Dann haben wir Weihnachten gefeiert. Bis zum frühen Morgen haben wir mit ihnen gesessen. Als Gegenleistung kamen sie dann mit den Spießen, mit Schaschlik an. Grusinisches Schaschlik. Du kannst Dir gar nicht vorstellen, wie das schmeckt. Das sind ganz lange Spieße. Eigentlich wollten sie die bei uns zubereiten. Doch ich sagte, *das kann ich nicht*. Wir kennen ja nur Grill, Mikrowelle und Bratofen. Offenes Feuer kennen wir nicht mehr. Innerhalb von zwanzig Minuten kamen die mit den Spießen an. Und wir haben reingehauen. Und ich nächsten Tag zur Arbeit. Wurde begrüßt mit *Petra, Du Schwein hast aber Knoblauch gefressen*.

Vor kurzem konnte Siegfried keine Ware holen, weil sie die Kennzeichen von unserem Barkas geklaut hatten. Also ist Siegfried zur Russen-Mafia gegangen. Da fuhr einer mit 'nem Lada-Kombi zackzack nach Ludwigsfelde – Ware geholt, zur Brauerei Bier geholt, klappte alles. Eine Stunde nachdem Siegfried zurück war, kommt einer an. Fragt, *fahren wir Bier mit Auto, ich auch*. Da gibt es keine Probleme.

Es kam auch mal einer, den wir kaum kannten, mit 'ner Tasche. Sagte, *Siegfried, dawai* und macht den Beutel auf. Ich gucke rein, Strümpfe, Unterwäsche, Handtuch. Er sagt, *für Siegfried auch.* Hansi sollte gleich mitkommen. Sind die beiden Männer mitgelatscht und haben gedacht, die wollen Militärreserven veräußern. Handtücher, Unterwäsche, Strümpfe.

Wir fuhren in das Krankenhaus der russischen Kaserne. Dann ging der mit uns runter in die Katakomben. Auf einmal riß er eine Tür auf. Es wurde immer heißer. Und dann sitzen da nackte Russen. Die kannten wir alle. Ich sage, *Hansi, das ist hier eine Riesen-Sauna.* Der Russe sagte, *ausziehen.* In der Sauna waren drei Etagen. Wir mußten uns ganz oben hinsetzen. Da hat er so ein Ding ausgewickelt, eine Matte. Da mußte man sich rauflegen. Die hatten da einen Bottich, da waren Eichenzweige und all so was drin, Birkenzweige, aber alles in heißem Wasser. Er hat mich durchgepeitscht. Frag nicht nach Sonnenschein. Dann raus und in das kalte Wasser. Man mußte reinspringen. Raus aus dem Wasser, in der Dusche abtrocknen, waschen und rasieren. Dann hat er mich mit ganz grobem Zeug abgeschruppt. Von vorn bis hinten. Dann haben sie eine Büchse aufgemacht. Wir mußten was essen und einen Schnaps trinken. Wieder rein. Wir haben gedacht, jetzt ist es endgültig mit uns vorbei. Wir haben das ganze Ding viermal durchmachen müssen.

Wie wir mit unserer Traurigkeit zurechtkommen? Ich habe mir Fotos angeguckt von anderen Familien. Wohin die, die sich jetzt von uns verabschieden, auch hinkommen werden. Sie wohnen in den Blech-Containern, die sie von hier aus mitnehmen. Wo sie ihre Sachen drin haben. Das ist ihre Wohnung. Auch in Großstädten wie Moskau und St. Petersburg. Es gibt auch Priviligierte, die sich eine Eigentumswohnung kaufen. Aber das Gros nicht. Obwohl die Wohnungen spottbillig sind im Vergleich zu unseren Preisen. Eine Eigentumswohnung am Schwarzen Meer kostet umgerechnet 1500 DM.

Wir haben hier ein Mädchen kennengelernt, die Nadja. Wir haben für sie über ein Jahr lang gesammelt. Wir haben unser Trinkgeld halbiert, das wußten hier alle Kunden. Das Geld ist für Nadja, die Tierärztin werden will. Sie ist wie eine Tochter für uns. Wir würden sie adoptieren. Aber ihre Eltern würden das nie zulassen. Aber das Geld kam zusammen, 272 Dollar in Nadjas Kasse. Für das Mädchen, die Eltern und die Großmutter. Die alte Dame wohnt in Minsk.

Kommt aber aus der Gegend um Tschernobyl. Wir haben ein Video gesehen. Es war fürchterlich. Die Hände waren kaum noch zu sehen, das waren keine Hände mehr. Sie hat Hautkrebs, ist unheilbar krank und wird voraussichtlich in ein paar Monaten sterben.

Für das Geld, wir hatten es in Dollar umgetauscht, weil der Dollar dort noch mehr wert ist, haben sie sich eine Wohnung gekauft. Das ist rausgekommen. Jetzt sitzen Nadja und die Eltern auf gepackten Koffern. Aber die Wohnung können sie nicht verlieren. Die ist auf den Namen der Großeltern eingetragen. Wir haben hier einen Beutel. Das sind alles Spritzen. Meine Freundin ist Ärztin und hat aufgeräumt. Da sind Katheter drin, Nierenzertrümmerungsapparate und all so was. Klamotten auch. Das kriegt Nadjas Mutter, die ist Kinderärztin. Die nimmt das in ihrem Container mit.

Wir haben voriges Jahr soviel Obst gehabt. Das habe ich in Kisten getan und aus Zeitungspapier Tüten gedreht. Für jedes Kind eine Tüte. Pflaumen, Äpfel, Birnen. Ein Junge hat sich fünfmal angestellt. Im Herbst haben wir den Garten freigegeben. Da sollten sie sich das allein pflücken. Haben sie auch gemacht. Frag nicht nach Sonnenschein. Uns hat das Zusehen Spaß gemacht. Wenn die Augen so geblinkt haben. Am nächsten Tag kamen sie und haben uns gedrückt. *Mama Petra, spasibo.* Wenn ich die Pappelallee morgens entlangfahre. Mein Auto will noch nicht so richtig. Ich fahre langsam und höre die Kinder rufen. *Strastwui Petri.* Viele kenne ich schon, als sie noch klein waren. Wenn die Kinder sich verabschieden kommen, das ist das Schlimmste.

Unsere Hunde haben sich an alles gewöhnt. Fantastisch. Die kennen ihre Leute. Begrüßen sich sogar schon. Eins hat Alfi sich nicht abgewöhnen können. Russen auf einem Fahrrad kann er nicht leiden.

Aufgezeichnet im Dezember 1992

Verena M., Gebäudereinigerin, 31

Als ich 1987 nach Potsdam kam, habe ich in der Textilreinigung gearbeitet. Nach der Wende arbeitslos geworden, wollte ich nicht zu Hause bleiben. Da habe ich mir gesagt: Machste erst mal sauber. Bis die Krise überwunden ist.

Zuerst waren wir nur drei – zwei Männer und ich. Ich arbeite in einer Privatfirma, das ist eine GmbH. Wir wurden immer mehr. Laufend gingen Aufträge für ständige Unterhaltsreinigung – so heißt das bei uns – ein. Im März stellten wir russische Frauen ein. Die deutschen Frauen wollten an die Arbeit nicht ran. Wir alle hatten ein Vierteljahr Einarbeitungszeit. Da die Russen immer bataillonsweise abgezogen werden, gingen die Frauen natürlich auch wieder. Aber einen Arbeitsvertrag haben sie, wie wir, bekommen. Die betreffenden Frauen würden gern hier bleiben. Sie werden zurückgeschickt, ohne daß sie wissen, wo sie wohnen werden. Aber es sind Offiziersfrauen, die Familie haben. Das bindet. Die haben Angst. Wenn sie Arbeit haben, bekommen sie weniger Abzüge, sind aber auch nicht versichert. Wenn sie wegmüssen, kaufen sie sich für das ganze Geld containerweise Sachen. Fernseher usw. Wer Arbeit hat, ist gut dran. Wir sind fünfzehn Gebäudereinigerinnen, davon fünf russische Frauen. Wir arbeiten zusammen. Wir teilen die Arbeit entsprechend der Anforderungen auf. Vorbehalte gibt es nicht. Wir arbeiten gern mit ihnen zusammen. Sie sind nett, fleißig und arbeitsam. Da gibt es keine Probleme. Sprachlich natürlich. Aber da helfen Gesten. Die verstehen inzwischen auch ganz gut deutsch, nur sprechen nicht. Wir sprechen untereinander etwas abgehackter, lassen der, die, das weg. Dann geht's schon. Privatkontakte gibt es nicht. Nach den acht Stunden geht jede nach Hause, weil alle Familie haben. Wenn jemand Geburtstag hat, legen wir zusammen. Da wird Geld gesammelt. Hier ist es das erste Mal, daß ich mit Russen zusammenarbeite. In der DSF war ich nicht Mitglied. Ich hatte kein Interesse. Aber ich hatte noch nie etwas gegen die russischen Soldaten. Schließlich haben sie uns befreit. Wir hatten durch sie ja auch Schutz. Bedenklich fand ich nur, daß die russischen Rekruten so schlecht behandelt worden sind. Davon habe ich gehört. Die haben mir leid getan. Den Offizieren ging's immer gut. Von mir aus hätten sie auch hierbleiben können. Daß sie nun ruckartig zurückmüssen und nicht wissen, wo sie hinsollen, tut mir echt gesagt leid. Denn erst mußten sie unser Land schützen, und jetzt müssen sie auf einmal weg. Das finde ich ungerecht. Aber der kleine Arbeiter wurde ja noch nie gefragt. Die Entscheidungen treffen immer die Bonzen.

Die Offiziersfrauen müssen, wenn die Männer Urlaub haben – das sind so vier bis sechs Wochen – zurück in die Heimat. Die dürfen in der Zeit nicht hierbleiben. Das ist Befehl.

Einmal sind vier bis sechs Rekruten nach Westberlin abgehauen. Die wurden wieder eingefangen. Zur Strafe mußte das ganze Bataillon zurück. Zwei Frauen unserer Brigade gehörten dazu. Innerhalb einer Woche mußten sie ihre Sachen einpacken und ausreisen. Wir haben denen dann einen Arbeitsvertrag ausgestellt, der ihnen die Möglichkeit geben sollte, wieder zurückzukommen. Aber das funktioniert dort nur noch mit Bestechung. Eine Schachtel Pralinen reicht nicht. Ein Video-Recorder muß es schon sein.

Eine der Frauen kam zurück und brachte ihre Schwester mit. Die Familie haben sie zurückgelassen. Im April kamen sie an. Da sie keine Wohnung bekommen werden, wird die Familie wohl dableiben müssen. Sie haben sich eine Wohnung bei Freunden in Westberlin besorgt. Da brauchen sie keine Miete bezahlen, sonst würde von dem Geld ja nicht mehr viel übrigbleiben. Ohne Freunde geht gar nichts. Sie arbeiten jetzt vier Stunden und werden keinen Urlaub nehmen, wegen des Geldes.

Der Kontakt zu den Patienten ist für die russischen Frauen schwierig. Meist wird ihnen Wohlwollen entgegengebracht. Wenn sie angesprochen werden, reagieren sie meist verlegen. Wenn sie auf der Männerstation waren, hatten sie regelrecht Verehrer. Nur einmal regte sich eine Patientin auf: *Ah, Russen, kein Wunder, wenn wir keine Arbeit kriegen.* Die habe ich ignoriert.

Wir behandeln die Russinnen, als wären sie deutsche Frauen. Nur daß sie von unseren Gesprächen nicht allzuviel mitkriegen. Eine der beiden hat sich in der Volkshochschule für einen Englischkurs eintragen lassen. Inzwischen hat sie sich für die „Deutsche Sprache" umgemeldet.

Aufgezeichnet im April 1992

Dr. Herbert D., Bevollmächtigter des Ministerpräsidenten für die Westgruppe der Streitkräfte und für Konversion, 50

Meine Erfahrungen mit Menschen aus Rußland rühren von meiner Kindheit her. Für uns auf dem Dorf war es spannend, wenn russische Soldaten als Posten die Militärkolonnen einzuweisen hatten. Zweimal im Jahr geschah so etwas, zu den Frühjahrs- und den Herbstmanövern.

In der Schule – vor allen Dingen in der Oberschule – war es dann die Verehrung unserer Russischlehrerin, die uns als Schüler immer wieder motiviert hat, auch die Schönheiten der russischen Sprache zu entdecken.

Als Student fand ich es sehr angenehm, sehr hilfreich, daß ich mir viele Fachbücher, an die ich sonst nicht herangekommen wäre, in Russisch zulegen konnte. Bei Mathematik und Physik ist die Sprachbarriere nicht so entscheidend. Die Formeln sind im Deutschen und im Russischen die gleichen.

Schließlich gab es auch eine enge familiäre Bindung nach Rußland, da meine Schwiegermutter aus Rußland stammte, und viele Verwandte in Riga, Nowosibirsk und Leningrad wohnen, die uns seit den 60er Jahren besuchen konnten.

Nach meinem Studium, im Jahre 1967, habe ich begonnen, im Astrophysikalischen Observatorium in Potsdam zu arbeiten. Schon wenige Monate nach Beginn dieser Arbeit bin ich für ein Jahr nach Leningrad gegangen. Der Kontakt mit den Kollegen in der Sowjetunion wurde seitdem sehr intensiv gepflegt. Ich hatte als Astrophysiker nicht so große Einschränkungen, was die Kontakte mit russischen Wissenschaftlern anbetraf. Die Astrophysik ist eine ziemlich exotische Wissenschaft und unterliegt weder dem Einfluß politischer Kräfte noch im allgemeinen einer größeren Geheimhaltung. Obwohl die Grenzen, an denen dann astrophysikalische Forschung für militärische Bereiche interessant war, im Kontakt mit den Kollegen aus der Sowjetunion sichtbar wurden. Wenn ich an einer Tagung in der Sowjetunion teilnehmen wollte, bekam die Konferenz durch die Anwesenheit eines Ausländers einen anderen Status. Alle Vorträge, die von sowjetischen Kollegen gehalten wurden, mußten erst durch eine Zensur. Jeder Referent mußte eine Bescheinigung von der entsprechenden Zensurbehörde vorlegen.

Wenn sowjetische Wissenschaftler an einer Tagung in der DDR teilnehmen wollten, durften sie nichts vortragen, was nicht schon in der Sowjetunion veröffentlicht war. Sie mußten ihre Manuskripte in der sogenannten Abteilung 1 ihres Institutes oder in der obersten Zensurbehörde, bei GLAWLIT, vorlegen.

Das galt auch für mich, als ich in Leningrad meine Dissertation verteidigen wollte. Ich mußte, weil ich als Ausländer diese Behörde nicht betreten durfte, einen einheimischen Kollegen bitten, dies für mich zu besorgen. Damals wurde schon ganz offen über die Zensurbehörde geredet. Nicht wie in der DDR, wo die Zensur zwar ausgeübt wurde, man aber nicht darüber reden durfte.

Eine Episode hat mir viel zu denken gegeben, die sich auf das Verhältnis von Deutschen und Russen und ihren Umgang mit der Vergangenheit bezieht. Als mein Leningrader Doktorvater einem Kollegen erzählte, daß er einen deutschen Aspiranten hätte, wurde er sofort gefragt, wie sich der Deutsche in einem Konflikt zwischen Rußland und Deutschland ihm gegenüber verhalten würde. Das war immerhin im Jahre 1967. Mir wurde deutlich, daß man die guten Ansätze, die es zu DDR-Zeiten in mancher Hinsicht im Verhältnis zwischen den Menschen aus der DDR und der Sowjetunion gab, doch noch nicht als Versöhnung zwischen unseren Völkern bezeichnen konnte. Es waren allenfalls Ansätze zur Verständigung. Aber die Versöhnung als Aufgabe blieb bestehen.

Im Jahre 1967, nach meiner Rückkehr aus Leningrad, wurde ich gebeten, in unserem Institut eine Grundorganisation der DSF aufzubauen. Ich habe mich dazu unter der Voraussetzung bereit erklärt, daß die Arbeit der Deutsch-Sowjetischen Freundschaft nur darin bestehen könnte, menschliche Begegnungen zu vermitteln. Insofern empfand ich diese Aufgabe als sinnvoll. Gegen die formale Abrechnung von Mitgliederzahlen habe ich mich gewehrt. Es war ja gang und gäbe, in die DSF einzutreten, um Ruhe zu haben, oder vielleicht den einen oder anderen Vorteil wahrnehmen zu können, oder schlicht und einfach, weil man unter Druck gesetzt worden ist. Da war viel totes Holz. Wir haben versucht, lebendige Strecken aufzubauen. Hier spielten die wissenschaftlichen Kontakte zu Kollegen in der Sowjetunion eine große Rolle. Wir haben versucht, sie zu nutzen für Begegnungen, die auch denjenigen zu Gute kamen, die nicht unmittelbar in diese wissenschaftlichen Arbeiten eingebunden waren. Die zweite Strecke war ein Kontakt zu einer Garnison in Potsdam. Wir haben vor allen Dingen regelmäßig Feste organisiert und den Soldaten Exkursionen ermöglicht, ihnen dabei unser Institut gezeigt. Es war uns wichtig, daß vor allen Dingen die Soldaten in den Genuß dieser Kontakte kommen, daß sie die Chance erhalten, aus ihrem Alltag in der Kaserne herauszukommen, um vielleicht einen Höhepunkt zu erleben, z.B. durch die Besichtigung des Einsteinturmes oder der Teleskope im Observatorium. Erschreckt hat mich damals die Haltung der Offiziere den Soldaten gegenüber. Ich wußte, daß die Soldaten keinen Anspruch auf Urlaub hatten. Höchstens als Belohnung wurde ihnen Urlaub zugestanden, aber nur maximal zehn Prozent – so wurde mir gesagt – kamen in diesen Genuß. Das Überraschendste aber für mich, als ich die Offiziere fragte, ob dies nicht zu hart sei für die Soldaten, im Zeitraum von zwei bis drei Jahren, allerhöchstens einmal für ein paar Tage nach Hause fahren zu können. Da fragten die Offiziere ganz verwundert zurück, weshalb die Soldaten denn Mitgefühl verdienen sollten. Ich hab es noch wörtlich im Ohr. Sie sagten, in der Verfassung steht doch, zwei beziehungsweise drei Jahre hast du deinem Vaterland zu dienen. Und wir, sagten die Offiziere, dienen unser ganzes Leben lang. Ich spürte, daß die Militärs diese Antwort nicht gaben, weil sie mir so antworten mußten. Sie sprachen damit aus, was sie dachten. Für mich war das eine interessante Erfahrung, ein Schlüsselerlebnis.

Die Arbeit in der DSF wurde ja ab 1985 – nachdem Gorbatschow an die Macht kam – sehr viel interessanter. Als zweieinhalb Jahre später die Zeitschrift „Sputnik" bei uns verboten wurde, haben wir einen Protestbrief geschrieben. Wir erhielten daraufhin Besuch von der SED-Bezirksleitung. Man erklärte uns, daß wir uns als Wissenschaftler mit diesem Brief vollkommen isoliert hätten vom Volk und von der Arbeiterklasse.

Im Mai 1990 wurde ich Staatssekretär im Außenministerium der DDR, in der Regierung de Maizière. Bei dieser Tätigkeit war ich für Fragen der Westgruppe der Sowjetischen Streitkräfte zuständig. Spätestens seit Ende Mai 1990 wußten wir, daß mit dem Abzug der sowjetischen Truppen eine entscheidende neue Phase in den deutsch-sowjetischen Beziehungen eintreten würde. Immerhin sind vom Abzug eine halbe Million Menschen betroffen, mittelbar noch mehr.

Für die russischen Offiziere und ihre Familien wurden die einstmals bestehenden Kontaktverbote oder Kontakteinschränkungen weitgehend aufgehoben. Ich habe aber den Eindruck, daß in der Praxis fast das Gleiche herauskommt, wie zu DDR-Zeiten. Durch die Angst bei vielen Angehörigen der Westgruppe, durch Kontakte mit deutschen Partnern Verdacht zu erregen und damit sich der Gefahr auszusetzen, schnell und vorzeitig nach Hause geschickt werden zu können, resultiert eine starke Selbstbeschränkung. Das ist zu bedauern. Aber wir können einiges tun, um dem entgegenzuwirken. Hier ist durchaus etwas Neues im Werden. Dies wurde für mich besonders deutlich am 22. Juni 1991 und im Jahr darauf, als wir gemeinsam – deutsche und russische Militärs und Zivilisten –, des Überfalls Hitlerdeutschlands auf die Sowjetunion gedachten. Wir stellen oft fest, daß der Umgang mit dem Leid der Vergangenheit heute offener wird. Bis hin zur Freigabe von Dokumenten, zum freieren Austausch von Informationen und zu persönlichen Gesprächen. Die brandenburgische Abteilung der Organisation der Kriegsgräberfürsorge hat inzwischen auch einige russische Offiziere in den Reihen ihrer Mitglieder. Das alles sind Zeichen, die genau in die von uns angestrebte Richtung gehen.

Es kommt etwas in Bewegung. Es entsteht Neues. Ein neues Verhältnis ist natürlich die enge Nachbarschaft, in der wir noch für eine begrenzte Zeit miteinander leben. Deutsche und Russen – eine einmalige Chance. Später, über die Entfernung hinweg, werden wir es sehr viel schwerer haben, Kontakte zu pflegen. Im Umgang mit russischen Militärs habe ich manches gelernt. Es fiel den militärischen Kommandeuren sicher sehr schwer, sich so plötzlich mit einem neuen Status abzufinden und sich in ihm zurechtzufinden. Plötzlich sind sie Gäste ohne Anspruch, die angewiesen sind auf einen guten Kontakt zur deutschen Zivilbevölkerung. Vielleicht kehren manche von ihnen in ihre Heimat zurück mit einem besseren Verständnis für Dialog und Zusammenarbeit mit der Zivilbevölkerung. Es ist zu hoffen, daß auch die Militärreform, die in Rußland im Gange ist, hier neue Akzente setzt.

Nach dem Tag der Wiedervereinigung waren die Angehörigen der Westgruppe sehr unsicher und wußten nicht, wie sich die deutsche Bevölkerung zu ihnen verhalten würde. Werden sie beispielsweise an ihren Gedenktagen, an denen sie Kränze niederlegen an den Gräbern ihrer Soldaten, von Deutschen begleitet werden? Als ich am 7. November 1990 an der Kranz-niederlegung in Zossen teilnahm, habe ich gespürt, wie die Unsicherheit sich auflöste und das Eis brach. Für mich war es selbstverständlich, an dieser Kranzniederlegung teilzunehmen. Ich habe viele Menschen gesehen, die es ähnlich empfunden haben, wie ich selbst. Wir hatten aber damals nicht ahnen können, wie aufmerksam diese Geste von den sowjetischen Partnern aufgenommen wurde und wie wichtig sie ihnen war.

Um Vertrauen zu bilden, haben die sowjetischen Streitkräfte seit Ende 1990 auch Tage der Offenen Tür für ihre Garnisonen organisiert oder angeboten und damit Gespräche und Begegnungen ermöglicht, die es vorher so nicht gab.

Im Moment hat das Interesse der deutschen Bevölkerung an den Tagen der Offenen Tür deutlich nachgelassen. Die Neugier ist weg. Die militärischen Darbietungen, die an diesen Tagen stattfanden, sind nicht jedermanns Geschmack. In diesem Jahr wird vermutlich kein Tag der Offenen Tür in dieser Weise stattfinden. Wir haben vorgeschlagen, stattdessen Garni-sonsfeste zu veranstalten, bei denen die Angehörigen der Westgruppe als Veranstalter und die deutschen Gäste einander als Menschen kennen- und schätzenlernen.

Aufgezeichnet im November 1992

Lothar J., Friedhofsgärtner, 54

Ich arbeite jetzt sieben Jahre hier auf diesem Friedhof. Ich könnte ein Buch schreiben über diesen Friedhof. Ich werd's nicht tun. Ich werd's nicht tun. Ich habe die Fähigkeiten nicht.

Hier liegen 500 Kriegsopfer, die in Potsdam und Umgebung in den letzten Kriegstagen gefallen sind. Der Friedhof wurde 1947 angelegt. Dafür. Alle anderen kamen dazu. Sie sind ertrunken beim Eisangeln. Sie sind bei Verkehrsunfällen zu Tode gekommen. Es sind auch Deserteure darunter, die man erschossen hat. Ablesbar sind die erschossenen Deserteure auf den Grabsteinen. Auf denen steht nur der Name, kein Geburts- und kein Sterbedatum. Wie das passiert ist? Die Soldaten, die hierher kommen, sind meist nicht älter als 19 Jahre. Pubertätsalter. Die möchten raus. Der einfache Soldat hatte keinen Kontakt außerhalb der Kaserne. Die durften nicht raus. Nur mit der Kompanie. Oder gar nicht.

Hier wurden die Toten meist nachts beerdigt. Und frühmorgens kamen die Angehörigen. Die letzte Beerdigung war '86. Da hat Lothar noch gelebt. Das war ein Kind. Die Großeltern dachten, daß sie noch 15 Jahre sind. Ich kann nicht russisch. Aber mit Händen und Füßen ging das hier immer. Auch die jüngeren Frauen konnten mit ihrem Russisch nicht viel anfangen. Mit Friedhof hatte ja die Schule nichts im Sinn.

Hier liegen fünfeinhalbtausend Russen. Insgesamt. Vier Leute kümmern sich um den Friedhof. Der Magistrat bezahlt.

Und '87, das waren die elf Soldaten, die Wolfgang gebracht hat. Die kriegen alle Erdbestattungen. Der Russe beerdigt in Weiß oder in Rot. Im Sarg. Meist die Kinder weiß, die Erwachsenen rot. Bis jetzt waren noch keine Skinheads hier. Das ist unser Glück. Unsere Grabsteine sind aus Altersschwäche umgefallen.

Vor der Wende kamen mehr Besucher. Viele Angehörige sind schon abgezogen. Die können sich die Reise nicht mehr leisten. Deutsche kommen auch ab und zu. Es gab auch aggressive Leute. Da war einer, der war 17 Jahre lang Polizist. Hat sich ein Haus geschaffen, ein Auto geschaffen. Aber man muß es so sehen, wie es war. Die Mauer eineinhalb Meter höher und

Honecker zurück. Aber niemand wußte wie sehr sich der Staat ausgebreitet hat. Das wußte niemand in der Welt. Mit den Westreisen, die mal genehmigt wurden und mal nicht, das war schlapp. Das war der DDR ihr Untergang.

Zu DDR-Zeiten waren aus etlichen Betrieben immer welche da. Die Kampfgruppe vom BMK Ost, die Nationale Front Wilhelmshorst... Wir hatten herrliche Szenen hier. Zum 40. Jahrestag der Befreiung kam einer von der Bereitschaftspolizei, der gab mir eine Telefonnummer. Die sollte ich anrufen, damit die Straße abgesperrt wird. Da hat es auch gar nicht lange gedauert, da waren zwei Funkwagen hier. Die haben die Straße freigemacht, damit die Herren wieder rausgefahren werden konnten.

Wenn es einen Sterbefall gab, mußten die Hinterbliebenen auf der Kommandantur um ein Begräbnis bitten. Der Kommandant mußte das genehmigen. Wir haben hier alles liegen, Frauen, Kinder, Männer sowieso. Soldaten, Offiziere, Zivilisten. Das Einzugsgebiet für diesen Friedhof reichte bis Oschatz. Das ist der größte Friedhof für Russen in der DDR gewesen.

Die Russen haben ein anderes Verhältnis zu den Toten als die Deutschen. Das ist eine ganz andere Mentalität.

Da war mal eine 75jährige Frau. Die besucht ihren verstorbenen Mann. Mit dem rauchte sie eine Zigarette. Eine legte sie aufs Grab und die andere rauchte sie.

Dann ging ich mal mit der Rückenspritze über den Friedhof. Da rief mich einer, *Kamerad, fünf Minut*. Nach zwanzig Minuten war ich voll. Die hatten auf dem Friedhof den Tisch gedeckt. Ich mußte dort bleiben, bis der Tisch leer war. Prasdnik. Und wehe, ich wäre früher abgehauen. Ich war voll wie ein Schwein. Wenn man nicht trinkt, ist man ein böser Mensch. *Hitler, Faschist*. Und was sie alles sagen. Der Friedhof hat seine Eigenart. Von '45 bis '47 gibt es keine Belege. Das Denkmal wurde '47 aufgebaut. Der Soldat, mittendrin. Wir hatten mal ein Buch, da war alles verzeichnet. Das mußten wir bei der Kommandantur abgeben. Haben wir bis jetzt nicht wiederbekommen. Die Plastik, also wir sagen immer „Egon" dazu, wurde in Lauchhammer gegossen. Wer die entworfen hat, ist nicht bekannt. Wir begrüßen den Soldaten jeden Morgen.

Ohne die Genehmigung des Kommandanten durften wir niemanden begraben. Die

Bepflanzung der Gräber haben die immer akzeptiert. Gut, vielleicht wollte mal jemand viel rot, dann haben wir das so arrangiert. Bedankt haben sich die Hinterbliebenen immer. Oft entstanden auch persönliche Kontakte. Einmal schenkte mir eine Frau einen Ölradiator, weil sie fand, daß es bei mir zu kalt ist. Eine andere schenkte mir 104 Pralinen. Einfach in einer weißen Tüte auf den Multicar gelegt. Sie können sich meine Sammlung gern angucken. Löffel, Matroschkas und was ich alles habe.

Da kam mal ein Major. Mal mit seiner Frau, aber meist allein. Hundert Bewacher hätte ein deutscher Major. Der kommt immer allein. Geht zu einem Kindergrab, für das er einen Stein geschnitzt hat. Ganz allein. Schöne Erlebnisse habe ich hier.

Ich habe das Alter, ich könnte drei Jahre arbeitslos sein. Dann kriege ich Rente. Nicht wegen mir arbeite ich auf dem Friedhof. Schokolade, Speck, Gurke und Wodka, und Wodka gab es immer.

'89 im Sommer war die letzte Parade, mit Militärkapelle. Die spielten immer wenn sie reinmarschierten „Treue Kameraden".

Dieses Jahr hatten wir den ersten Überführungsauftrag. Ein Kind. Hier war einer, der hatte erst zwei Jahre nach der Beerdigung das Telegramm erhalten, daß sein Kind hier begraben wurde. Der kam hier an und wollte wissen, wo es liegt. Ich habe gesucht wie ein Verrückter. Im Buch habe ich das Grab ausmachen können. Dann wußte ich, Grab 37, da, wo der Buchsbaum steht.

Wir haben nicht weggeguckt. Der offene Sarg wurde meist von vier Leuten durchs Tor getragen. Bis zum Grab. Zink oder Holz. Die Zinksärge hat immer Opa Homann gebaut. Die Frauen waren so traurig. Die wären am liebsten hinterher. Die älteste Frau hier auf dem Friedhof ist mit 98 gestorben. Aber es gibt auch junge Mädchen hier. Die sind nur 22 geworden. Viele. Vielleicht an Syphilis. Oder die haben das Klima nicht vertragen. Hat mich mal eine Dolmetscherin gefragt. *Warum sterben die hier so jung?*

Birken pflanzen die Russen für ihr Leben gern. Ich habe 20 000 Pflanzen zur Verfügung. Ich komm damit aus.

'81 war ich in Moskau. Das war so schön, ich hätte weinen können. Eine Auszeichnungsreise. Kontakt zu Russen hatte ich dort nicht. Das Programm war so voll. Das ging nicht. Mit der Dolmetscherin habe ich mich unterhalten. 60 Rubel verdient die im Monat. So viel hatte ich in der Woche und die haben nicht gereicht. Die kann sich ja nicht mal einen Schlüpfer kaufen.

Die Hinterbliebenen brauchen jetzt eine Bestätigung. Da muß draufstehen, daß der Angehörige hier liegt. Sonst können sie nicht herfahren. Das muß den Behörden vorgelegt werden. Das haben wir schon oft gemacht. Vor der Wende kamen die immer. Jetzt ist der Friedhof oft verwaist. Wenn sie kommen, legen sie viel aufs Grab. Zigarettenschachteln, Schnapsflaschen. Alles voll. Wenn sie einen Schnaps trinken, gießen sie den ersten Schluck in die rechte Ecke des Grabes, direkt neben dem Stein.

Wenn ich die Gräber meiner Verwandten besuche, weine ich nicht mehr. Das ist zu lange her. Die Russen stehen vor den Gräbern und heulen. Das ist mehr so ein Jaulen. Das dauert eine Zeit. Dann legen sie ihre Tischdecken aus und machen Prasdnik.

Die sprechen auch mit den Toten. Und dann gehen sie wieder los. Wenn die Ostern feiern, kriegt der Tote auch seine Eier.

Die Russen küssen ihre Toten zweimal. Einmal vor dem Tor und einmal bevor der Sarg geschlossen wird.

Aufgezeichnet im Juni 1992

Helga Sch., Angestellte der Bundesbahn, 52

Hier der Bahnhof und die Bahn haben mehr oder weniger vom Militär gelebt. Wir haben ja immer nach allen Städten geschickt. Wo die Freunde eben waren, wurden hin und her Verschiebungen gemacht. Manchen Tag hatten wir zweihundert bis dreihundert Wagen, die wir irgendwie bearbeitet haben. Mal länger drin, dann raus mit den ganzen Transporten und jetzt gar nichts. Man war eben gewöhnt, Wagen zu behandeln, ob da nun Militär drin war oder was anderes ist uns doch egal gewesen. Wir sind groß geworden mit den Russen. Am liebsten würde ich ja Militär wieder herhaben.

Ich bin jetzt 52 und habe eigentlich immer gern gearbeitet. Wir haben damals Betriebs- und Verkehrstechnik bei der Reichsbahn gelernt. Dann war ich erst Aufsicht, später Fahrdienstleiterprüfung gemacht. Danach Schwangerschaft und nach dem Babyjahr habe ich hier die Planstelle übernommen. Da hatte gerade einer aufgehört.

Wir müssen von allem etwas wissen. Früher mußten wir oft ermitteln, weil Waggons, die für die Freunde kamen – geknackt worden sind. Oft hat was gefehlt. Mehl oder Zucker. Die Sachen kamen aus der SU und waren für das große Magazinlager bestimmt. Von dort aus wurde es nach der Registrierung verteilt. Auch über uns. Nach Altengrabow, Finowfurt, Fürstenwalde/Spree und nach Dresden. Fast in die ganze DDR war die Lebensmittelverschiebung, bis zuletzt.

Personenverkehr ist auch, aber weniger. Richtung Jüterbog und Wildpark, Potsdam Hauptbahnhof und Potsdam/Stadt.

Wir hatten mächtig Truppenverschiebungen. Wenn die großen Manöver waren, habe ich nachts manchmal Sonderschichten machen müssen. Es war aber alles geheim. Die haben nie etwas darüber erzählt. Durfte man ja auch nicht.

Munition ist immer nachts gekommen, mit Planen drüber. Diese Nachrichten haben wir überraschend, immer nur Stunden vorher bekommen. Wir durften nicht wissen, was drin ist, was alles kommt und auch nicht, wann sie wieder losfahren. Ist aber nie etwas passiert. Als der

Abzug begann, wußten wir, was drin ist. Raketen, interne Minen und so was alles. Früher haben wir eben eine Plombe rangemacht, jetzt müssen wir es genau nach der GGVE behandeln. Unsere Tätigkeitsbezeichnung ist auch unter bundesdeutschen Verhältnissen geblieben. „Äußerer und Innerer Wagendienst" heißt jetzt „Vereinigter Wagendienst". Wir waren immer 2,5 Planstellen. Seit der Wende 1,5.

Vor der Wende haben wir viele Aufträge bekommen. Da kamen die Leerwagen und wurden beladen, oder wir haben beladene Wagen entladen. Alles ging über Auftragsnummern. Mußte man manchmal ganz schön suchen. Wir hatten ja keinen Dolmetscher. Und manchmal wollten die Russen nicht verstehen. Na, jedenfalls haben wir auch viel Ärger gehabt, wenn die Empfänger nicht ermittelt werden konnten. Da hat die Reichsbahn ganz schön eingebüßt. Wer lange hier ist, wußte dann schon die Einheiten.

Ich bin jetzt dreißig Jahre hier auf dem Posten. Man hat viel erlebt und trotzdem weiß man jetzt kaum noch was. Irgendwie hat das mit der Wende zu tun.

Die Russen fuhren mit dem Zug nach Mukran und von dort aus ging es nach Kasachstan. Die wurden in Mannschaftswagen transportiert. Die haben ja nie was anderes gekannt. Ofen drin und Pritschen soviel wie schlafen konnten. Wenn ein großer Transport war und 'ne ganze Einheit wegging mit Kanonen und allem, was dazugehört, war es mächtig eng. Die sind nun aber fast alle weg. Jetzt sind nur noch kleine Sachen. An die Waggons kommen jetzt Bundeswehrnummern. Frachtbriefe gibt es nicht mehr. Gewicht wird in Tonnen angegeben. So wie es früher war, nur ohne Geheimnisse.

Freunde haben wir immer gesagt. *Russen* nicht. Wenn Sie in Richtung Jüterbog fahren, sehen Sie die Kasernen stehen. Überall, wo die grauen Mauern sind. Früher bin ich da einkaufen gewesen. In der ersten Zeit, als wir noch zu den Frauentagen eingeladen worden sind, hatte ich einen Passierschein. Da gab's manchmal mehr, als wie wir hier je gekriegt haben. Obst, Bananen für meine Kinder und so. Die anderen durften das nicht. Ist jetzt alles leergezogen. Das ist eine ungewohnte Situation, weil es hier schon immer mehr Militär als Einwohner gegeben hat. Einwohner sind hier höchstens fünf- bis sechshundert. Das Militär ist unzählbar gewesen.

Zum Verkauf angeboten wurden die leergezogenen Gelände auch schon. Haben sich viele angeguckt. Aber genommen hat es noch keiner.

Ein Oberstleutnant von der Bundeswehr hat sich sehr für den Schießplatz und das Munitionslager interessiert. Der hat immer gesagt: *Märkischer Sand.* Aber es ist ungewiß.

Die leeren Wohnungen stehen auch zum Verkauf. Die können sie billig kaufen. Das stand schon in der Zeitung. Nachher kriegen sie die vielleicht für 'ne Mark. Aber da müssen sie ja investieren. Bestimmt 300 000 Mark für so ein Haus.

Mal sehen, was wird.

Sie wissen ja, die Bahn liegt nun am Boden. Es tut einem weh, wenn die Personenzüge so leer sind. Es ist ja alles leer. Das ist furchtbar. Das ist unmöglich. Eines Tages muß es geschehen, von der Straße wieder auf die Schiene. Durch Treuenbrietzen – überall ist ja zu – da fahren nachts die LKW's. Das höre ich ja, wenn ich nicht schlafen kann.

In Treuenbrietzen, nicht weit von meinem Haus, ist jetzt ein Asylantenheim. War vorher ein Schulhort. Das ist nicht nur nicht schön für die Mütter. Wer weiß, wann sie das mit dem Kindergarten machen. Der wird ja nun renoviert, so daß da eventuell auch mal Asylanten reinkommen. Ich finde das ja in der Stadt nicht günstig. Ich bin nicht gegen die Leute, aber in der Stadt würde ich das nicht machen.

Aufgezeichnet im November 1992

Elfriede D., Kosmetikerin, 55

Die Russen sind 1991 in Bornstedt abgezogen. Da zog hier Stille ein. Die Kirschallee ist eine intakte Betonstraße.

Pünktlich zwischen halb und dreiviertel sechs machten die Russen Frühsport. Und wenn das einhundert Russen waren, waren es zweihundert Füße, die in Stiefeln gesteckt haben. Um die Zeit sind wir aus den Betten gefallen.

Ich bin ausgebildete Krankenschwester. Ich weiß, wie das ist. Man rennt, die Lungen werden voll Luft gepumpt. Da entleert sich ja so manche Luftröhre. Wie dann die Straße aussah?

Voller Sputum. Wir haben manchmal unsere Kinder, als sie noch klein waren, zur Schule gebracht, damit sie nicht reintreten. Oder am Wochenende. Unsere Gärten befanden sich unmittelbar hinter dem Kasernengelände. Da hörten wir tagelang die Lautsprecher. Die schallten über das ganze Gebiet. Manchmal konnte ich nicht mal meinen Mann rufen, der fünfzehn Meter entfernt war. Die Musik hat mich übertönt.

Den Abzug der Russen haben wir als Befreiung empfunden. Vom Lärm her. Es ist ein herrliches Gefühl, sonntags früh ausschlafen zu können.

Kurz bevor sie weg waren, haben sich die Einbrüche gehäuft. Gut, das waren arme Schweine. Die haben etwas zu essen gesucht. Vor 1991 haben die Leute dann schon die Türen ihrer Lauben aufgelassen, damit nicht soviel Schaden angerichtet wird. Teilweise haben sie sogar was zu essen hingestellt. Aber kurz vor dem Abzug hat man ganze Lauben ausgeräumt. Ich habe selbst gesehen, wie ein Motorrad mit einer deutschen Nummer in einen Container reingebracht worden ist. Ja, was wollen Sie denn da machen? Das ist weg. Die Container wurden verplombt. Und wenn ich zur Polizei gegangen wäre, hätten sie einem nicht geglaubt.

Aber das waren die Offiziere. Die Rekruten sind doch mit ihrem Handgepäck abgefahren. Wenn die Waschtag hatten, da haben die Uniformen aus dem Fenster rausgehangen. Die hatten ja nur einmal Anzuziehen. Das haben wir schon immer gesagt. Das sind Klassen gewesen. Und der einfache Soldat war die unterste Klasse. Das waren die Stiefelputzer der Offiziere.

Ja, das haben wir gesehen. Wenn die hinterherliefen und mußten denen die Taschen tragen. Wir sind auch viel in den Magazinen einkaufen gegangen, weil wir nur einen Konsum hatten. Was gab es da schon? Keine Apfelsine, keine Banane für die Kinder. Da waren die Russenmagazine unsere Einkaufsstätten. Dort begegneten uns die einfachen Russen. Wie die aussahen, die Uniformen oder die Hände. Das waren so kleine Burschen, die aussahen, als wären sie siebzehn. Und wenn sie abgehauen sind, weil sie zu ihrer Mama wollten, dann wurden Suchtrupps mit Gewehren aufgestellt. Wie sie eingefangen wurden, habe ich nicht erlebt. Man hat ja immer gemacht, daß man davonkam. Ich habe es bloß schießen gehört. Was da passiert ist, kann ich nicht sagen, denn unser Grundstück grenzt unmittelbar an eine Plantage. Da sind die dann durchgegangen. Mann an Mann.

Wir wohnen seit 1974 hier. Meine Tochter hat den Salon seit 1977. Die russischen Offiziersfrauen sind auch zur Kosmetik gekommen. Die haben die Massage und die Pflege genossen. In dem Salon legen wir weniger Wert auf eine dekorative Kosmetik. Das haben die Russinnen akzeptiert. Eine andere Vorstellung von Kosmetik haben sie nie geäußert.

Die Frauen haben oft versucht ihr Taschengeld aufzubessern. Sie wollten uns bemalte Ostereier verkaufen – davon habe ich bestimmt dreißig zu Hause –, Samoware oder kleine Heizer. Da konnten wir uns als öffentliches Geschäft nicht so drauf einlassen.

Zwischen den deutschen und russischen Kindern gab es keinen Kontakt. Die haben ja auch ganz anders Schule gehabt. Die Russenkinder sind vormittags um neun oder zehn erst abgeholt worden. Man hat sie zur Schule gefahren und um siebzehn Uhr wieder zurückgebracht. Die haben einen ganz anderen Rhythmus gehabt. Abends, wenn wir nach Hause gegangen sind, so um zwanzig Uhr, da waren die im besten Leben und haben sich draußen wohlgefühlt. Wenn wir zu Bett gegangen sind, waren die munter. Die sind eben lange wach.

Wenn wir etwas versucht haben, zusammen zu machen, war das nach einem Mal auch schon zu Ende. Das war so, als wir versucht haben, die Schwimmhalle der Russen für unsere Kinder zu nutzen. Das ging einmal und wurde dann abgeblasen. Und der Lampionumzug am Kindertag mit der russischen Blaskapelle fand auch nur einmal statt. Das ist von Seiten der Russen gewesen.

Sorgen haben wir uns auch gemacht. Zumal in der Kaserne waren ja viele junge Männer. Wenn die Mädchen da vorbeigegangen sind, wurden schon sehr böse Sachen hinterhergerufen. *Fick mich* und was nicht noch alles. Ich bin 55 Jahre. Ich sage, die jungen Burschen wollen auch mal eine Freundin haben. Aber es sind auch Überfälle passiert.

Meine Tochter zum Beispiel, die ist am Geburtstag meines Mannes von vier Russen beinahe vergewaltigt worden. Hier an der Telefonzelle. So was ist auch passiert. Sie konnte gar nicht schreien im ersten Moment. Es war früh um sechs. Sie hatte Glück. Es kam jemand. Die Kriminalpolizei wollte natürlich wissen, wie die ausgesehen haben. Na, wie sahen die aus?

Ich denke mir, alle Russen waren uns sicherlich nicht freundschaftlich gewogen. Und wir vielleicht auch nicht. Aber eigentlich können wir nicht klagen. Ich hoffe, daß es so wird, wenn jetzt die Umsiedler kommen. Ich habe auch keine Angst, daß die Bornstedter Familien denen Aggressionen entgegenbringen. Ich arbeite in einer Bürgerinitiative mit. Wir versuchen, das ein bißchen in Bahnen zu lenken. Erstmal nicht so viele Asylsuchende herbekommen, sondern mehr Umsiedler. Die wollen ja hierbleiben und werden sich integrieren. Und ich denke mir, daß wir von denen nichts zu befürchten haben. Jetzt ist die Sprache von dreihundert Asylsuchenden. Die kommen in den Neubau rein, aus dem die Russen ausgezogen sind. Das sind 250 Wohnungen, die tiptop ausgebaut werden. Da gibt es Gasheizung, die werden möbliert, die Bäder werden gefliest. Die Dächer, alles wird neu gemacht. Das spricht sich natürlich rum. Hier gibt es so viele Wohnungssuchende. Die sehen das, kriegen selber keine Wohnung, und schon ist die Aggression da.

Im Frühjahr werden die Wohnungen übergeben.

Aufgezeichnet im Dezember 1992

Lothar E., Vorruheständler, 53

Ich habe die ganz normale Entwicklung durchgemacht, wie jedes Arbeiterkind. Bin aber nach dem Abitur – wie das so üblich war – Soldat geworden. Seinerzeit noch freiwillig. 1958 gab es noch keine Wehrpflicht.

Nun muß ich natürlich sagen, da spielen familiäre Dinge eine Rolle. Mein Bruder war seinerzeit schon Offizier, obwohl drei Brüder von mir im Krieg waren, zurückgekommen sind und nicht mehr an eine Armee denken wollten. Aber sie haben mich doch beeinflußt, als den Jüngsten, diese Richtung einzuschlagen. Etwas begünstigend war auch, ich war in einer Einheit, wo ich jeden Tag vier Stunden Exerzierausbildung machen mußte. Ich war in der Ehrenkompanie, die die ganzen Empfänge gemacht hat. Das war mir einfach zu wenig. Aber ich hatte schon Gefallen am Militär gefunden. Dann hat man mich gefragt.

Von diesem Zeitpunkt war meine Devise: Jeder Soldat hat einen Marschallstab im Tornister. Ich habe von diesem Zeitpunkt an alles unternommen, um in diesem Beruf auch erfolgreich zu sein.

Ich habe sehr viele Dienststellen durchlaufen, vom Soldat bis zum General jeden Dienstgrad, bin dreizehnmal umgezogen in der kleinen DDR. Kontakte zur Sowjetarmee hatte ich zu Beginn als junger Offizier in gemeinsamen Übungen oder gemeinsamen Sportfesten oder beim Kartoffeleinsatz. Man hat sich auch zu Ausbildungswettkämpfen getroffen. Aber schon zu dieser Zeit hat man gespürt, daß der Russe ein sehr kontaktfreudiger und zuverlässiger Mensch ist. Man kann sich auf jeden von ihnen als Kamerad verlassen. Ich habe auch zeitweise mit meiner Familie Tür an Tür mit russischen Menschen gewohnt. Da war weit und breit kein Deutscher. Es war eine schöne Zeit. Man hat dort kaum über Politik gesprochen, sondern über die ganz normalen Dinge des Lebens. Hat so gelebt und auch so gefeiert. Und darin sehe ich die Stärke des Russen, daß er sofort, wenn man mit ihm leben will, alles unternimmt, daß man sich da wohlfühlt.

Es gab Riesenunterschiede zwischen der DDR und der Sowjetunion, das habe ich während meiner Aufenthalte dort gemerkt. Ich war zwischen 1970 und '80 an der Militärakademie in Moskau und von '82 bis '84 nochmal. Ich bedaure auch, daß unser Staat, unsere Partei kommunistischer sein wollten als die sowjetischen Kommunisten. Daß man der Sowjetunion einen Glorienschein fast aufgezwungen hat, der einfach nicht dazu paßte. Gut, wenn man im ersten Graben ist, muß man andere Methoden anwenden, als wenn man weiter hinten ist.

Der sowjetische Mensch hat nie so gedacht, wie wir ihn dargestellt haben. Mehr normal, oft beschäftigt mit den Tagesfragen. Es war für ihn unverständlich, daß man in der DDR an jedem Feiertag aus der Wohnung eine Fahne heraushängen mußte. Aus einer Begegnung wurde keine politische Angelegenheit gemacht. Da waren sie feinfühlig und das kam mir entgegen. Ich habe immer versucht, den Bruderkuß zu umgehen. Der liegt mir einfach nicht. Nicht vom Inhalt her. Ich mag das nicht.

Den Einen mochte man mehr, den Anderen weniger. Die Freundschaften, die heute noch erhalten sind, sind entstanden, da war ich noch kein General und derjenige auch nicht. Damit meine ich die Auswirkungen des Kalten Krieges.

Wenn Sie eine Übung ausarbeiten oder durchführen, da ist die Anstrengung so groß, daß Sie für solche Dinge keine Zeit haben.

Der Soldat – das ist schon ewig so in der russischen Armee – hat bekommen was er braucht. Und dazu ein Taschengeld, das hier 15 Mark betrug. In der Sowjetunion hat der Soldat von der Sache her nicht anders gelebt. Er durfte mal in Urlaub fahren, mal in die Stadt gehen, er hat zwei Jahre lang unter spartanischen Bedingungen gedient, weil sein Land ihm einfach nicht mehr geben konnte. Sie mußten alles selber machen. Sie haben eine Schuhmacherei gehabt, sie haben Schweine gehalten. In der Erntezeit haben sie den LPGs geholfen, um dafür Naturalien zu erhalten.

Sie müssen sich vorstellen, hundert junge Leute für zwei Jahre auf engstem Raum zusammen. Ohne Heimaturlaub. Nur in Einzelfällen. Von diesen hundert sind vielleicht fünfzig Prozent schon ein Jahr lang Soldat. Daraus folgt doch, daß der Erfahrene versucht, den Neulingen Aufgaben zuzuschanzen. Das ist in jeder Armee der Welt so. So ist die Psychologie des Menschen.

Dazu kam der gravierende Bildungsunterschied. In technisch und theoretisch sehr anspruchsvollen Einheiten waren in der Masse Russen. Wobei schon immer die Doktrin war, daß man nicht heimatnah einberufen hat. Viele junge Menschen beherrschten die russische Sprache nicht so gut. Es ist eher eine Amtssprache in diesem Vielvölkerstaat. Es war schon immer so, daß sich ein Georgier von einem Kasachen nichts sagen läßt. Ein Armenier wird sich nichts von einem Aserbaidshaner sagen lassen und umgekehrt. Das gleiche ist, wenn Sie in eine georgische Einheit zehn Russen schicken. Denen geht es genauso. Dem Offizier auch. Der wird nicht anerkannt. Hier war es ein wenig anders. Im Zivilen hat es nie eine Rolle gespielt. Aber immerhin waren achtzig Prozent der Offiziere in der Sowjetarmee Russen. Aus diesen Dingen heraus kommt es natürlich, wenn man auf engstem Raum zusammenlebt, zu großen Konflikten. Und das in dieser Konzentration, mit diesen Bedingungen, Versorgungsschwierigkeiten. Kascha, das ist Hirsebrei, von früh bis abends und Brot. Das war die Hauptverpflegung.

Sie waren hier nicht in der Lage, mehr zu machen. Kein Geld. Das war für eine Armee, die kleiner war, unvorstellbar.

Wir hatten die gleichen Schlafsäle. Die NVA hat sie abgeschafft. Anfangs gab es in der NVA viele Gemeinsamkeiten im Standard, die von uns übernommen worden sind. Das wurde abgebaut, weil es einfach nicht mehr ging. Unsere Soldaten hätten an unserem Verstand gezweifelt, wenn wir das Bügeln und die Schuh-Reparatur selbst gemacht hätten. Oder wenn wir ihnen Schuhcreme zugeteilt hätten und Zigaretten.

Wie oft haben wir den Wehrsold erhöht.

Der Abzug an sich, aus militärischer Sicht, wäre kein Problem. Das Problem ist die Frage, wie ergeht es den Menschen, wenn sie zurückkommen. Die Soldaten möchte ich ausklammern. Für den Soldaten Iwanow spielt das keine Rolle. Der steht heute in Wittstock und kriegt morgen seinen Marschbefehl. Nimmt seine sieben Sachen und hat morgen sein Bett und seinen Stuhl in Chabarowsk. Er hofft höchstens, daß es nicht so kalt ist oder regnet. Für einen ledigen Offizier spielt das auch keine Rolle. Aber die Offiziersfamilien. Die Armee kann wochenlang in einem Lager kampieren, aber die Familien wissen nicht wo sie hinsollen. Auch wegen des Verdienstes wollen viele Familien hierbleiben. Der Soldat bekommt jetzt 15,- DM. Das sind, mal 380, so und soviel Rubel. Soviel verdient im Moment kein Arzt in der GUS. Ein Offizier bekommt 900,- DM. Soviel verdient nicht mal der Verteidigungsminister. Es ist eine rein wirtschaftliche Frage. Und viele denken, weil sie von ihrem jetzigen Sold ausgehen, daß sie sofort Arbeit haben, wenn sie hierbleiben. Mit diesen Gedanken läßt man die Russen leider allein. Aber in der Konfrontation mit Aus- bzw. Einwanderungsbestimmungen erfahren viele Russen sehr schnell, wie Hoffnungen zu Illusionen werden. Ich war jetzt in Königsberg. Die Stadt sieht fürchterlich aus. Die alten Menschen haben zu wenig Geld, um sich Grundnahrungsmittel kaufen zu können. Wenn Sie sich vorstellen, daß ein Brot dreihundertfünfzig Rubel kostet und die Rentner monatlich nur sieben- bis achthundert Rubel kriegen. Was da zum Leben bleibt, liegt auf der Hand.

Aber ich glaube, daß die ehemaligen Armeeangehörigen als erste mit den dortigen Bedingungen zurechtkommen. Es gibt schon viele Transport-Unternehmen, die sich gegründet haben. Mit Technik, die sie von der Armee bekommen haben. Das geht sehr schnell, weil sie auch gut qualifiziert sind. Sie können sehr gut organisieren und sie sind – ich will nicht sagen mit Schwierigkeiten aufgewachsen – aber mit Schwierigkeiten vertraut und in der Lage, diese zu überwinden.

Man muß sich vorstellen was es bedeutet, eine Armee von ca. 4,5 auf 1,3 Millionen Menschen zu verringern.

Aufgezeichnet im November 1992

Günter W., Sachgebietsleiter im Bundesvermögensamt, 41

Die westlichen Einflüsse waren in der DDR viel größer als in der Sowjetunion. Für den einfachen Soldaten und auch für den normalen Bürger – ich war vorher im Bankwesen tätig – bestand kaum die Chance, die andere Kultur kennenzulernen. Wenn man so weit weg ist von zu Hause dient das sicherlich der Aufrechterhaltung der Moral in der Truppe. Und weil kein Kontakt nach außen bestand, war jeder Standort ein Stück Heimat gewesen. Mit den Birken, die sie gepflanzt haben und den Wandbildern, die jetzt abblättern werden. Dort fand nicht nur die Ausbildung statt. Es war auch Freizeitgelände.

Das habe ich auch erst vor zwei Jahren entdeckt, als die ersten Tage der Offenen Tür stattfanden. Die sowjetische Armee hatte ja offiziell immer eine Vorbildfunktion zu erfüllen, was man aber dem Zustand der Kasernen und Liegenschaften auch in DDR-Zeiten nicht entnehmen konnte. Die Armeeführung der Sowjets hat nicht gewollt, daß ein solcher Eindruck entsteht. Das Ganze war so abgeschottet, daß es mich jetzt, schon von der menschlichen Seite her, erstaunt und bedrückt, wenn ich sehe, wie die einfachen Soldaten in den Kasernen untergebracht waren. Das Meiste muß man rekonstruieren, weil es nur noch wenige Kasernen gibt, wo noch Betrieb herrscht.

Aber ich sehe riesige Schlafsäle, unvorstellbare sanitäre Anlagen, die bis zum Schluß genutzt wurden. Die Wohnungen der Offiziere sind sehr abgewohnt. Nur ist der Komfort hier immer noch besser als in den Standorten, die sie jetzt zugewiesen bekommen. Und es fängt beim Einfachsten an. Sie haben keine Wohnung in Aussicht. Ich wage es zu bezweifeln, daß die Wohnungen, die dort für Offiziersfamilien neu gebaut werden, nicht schon vergeben sind, ehe sie ankommen. Wenn ich der Presse da glauben kann, wurden sehr gute Wohnungen gebaut. Einhundert Meter weiter stehen die Container, weil die Anzahl der Wohnungen nicht reicht. Weniger Standard, dafür mehr Wohnungen.

Viele Familien erfahren erst zum Schluß, wo die neuen Standorte sind. Da gibt es keineWohnungen, keine Schulen, keine Arbeitsplätze, selbst die Kasernen sind noch nicht fertig.

In den fünf neuen Ländern lebten ca. 600 000 Sowjetbürger, einschließlich der Familienangehörigen. Allein im Land Brandenburg die meisten, also auch im Zuständigkeitsbereich des Bundesvermögensamtes in Potsdam. Nach über zwei Jahren sind ungefähr 60 Prozent abgezogen. Sie liegen also gut im Zeitplan.

Auch nach den jüngsten Verhandlungen auf Regierungsebene zwischen Kohl und Jelzin. Die Abzugszeit ist nochmal verkürzt und auf den 31.8.1994 begrenzt worden. Zuzüglich der Mittel, die schon vereinbart waren, stellt Deutschland weitere 500 Millionen für den Wohnungsbau bereit. Die Aufrechnung der Altlasten mit den russischen Vermögenswerten, den Gebäuden, die sie selbst gebaut und bezahlt haben, erfolgt nicht mehr. Das hat auf unserer Seite Verkaufsverhandlungen gehemmt.

Auf der GUS-Seite kostet der Truppenabzug mehr. Das geht bei der Müllabfuhr los, über Wasser, Strom, Schrottentsorgung, Dekontaminierung. Da versuchen sie, hier und da nochmal was zu verdienen. Da werden Räume, die leer stehen, für ein Spielcasino oder eine Firma vermietet. Ob das nun offiziell ist, ob das von der Armee vereinnahmt wird oder von Einzelpersonen, kann ich nicht sagen.

In den Kasernen, die man noch nicht an uns übergeben hat, ist reges Treiben durch Handel und Wandel zu verzeichnen. Inwieweit das positiv ist, müssen die Russen selber beantworten. Sicherlich gibt es sowas wie den Autohandel. Umschlagplätze sollen auch Kasernen sein. Darüber ist mir nichts genaues bekannt. Das ist eine Sache, die ich der Presse entnehme.

Burlakow, den man vor kurzem „Kopf der Mafia" genannt hat, dementiert von Zeit zu Zeit in Interviews, daß die Armee in derlei verwickelt ist. Er räumt ein, daß es vor den Kasernen solche Aktivitäten von russischen Zivilisten gibt.

Die Problematik kann von ihnen schwer bewältigt werden. In der Westgruppe waren alle Nationalitäten der ehemaligen Sowjetunion vertreten. Vertragspartner für Deutschland in Abzugsfragen ist Rußland. Einzelne Nationalitäten hat man vorzeitig abkommandiert. Das sage ich mit Vorsicht, weil ich es nur beobachten konnte. Überwiegend war es doch so, daß die einfachen Soldaten aus Mittelasien gekommen sind. Alle ehemaligen Sowjetrepubliken sind nicht in der GUS drin.

Es ist, wenn man das so miterlebt vor Ort, eine gewaltige organisatorische und militärische Aufgabe, das alles so in den Griff zu kriegen. Es sind ja nicht nur die Menschen, es ist auch das Material. Es sind die weiten Wege. Über die Ostsee, durch Polen, durch die Tschechei.

Daß ich mal mit der Aufgabe zu tun habe, konnte ich mir nicht vorstellen. Von Anfang an hat sich gerade in der Zusammenarbeit mit den Offizieren, die für die praktische Arbeit zuständig sind, eine sehr freundliche Zusammenarbeit ergeben. Für beide Seiten war ja eine Menge zu lernen. Erstaunlich ist, wie Offiziere bemüht sind, sich anzupassen. Es gibt hier und da mentalitätsbedingte Terminprobleme, oder in den Verhandlungen wegen der russischen Vermögenswerte haut mal einer auf den Tisch. Aber das ist nicht typisch.

Erfreulich ist, daß sie die vielen neuen Dinge, wie Umweltschutz und Marktwirtschaft anneh men und uns, eine Behörde, die den Truppenabzug als Verwaltung unmittelbar begleitet, akzeptieren.

Wenn ich den Umweltschutz nehme, weiß ich, daß überhaupt erst in den letzten zwei, drei Jahren ein Bewußtsein bei einem kleinen Kreis von Offizieren entwickelt und geschult wurde. Damit lassen sich die Probleme der letzten 45 Jahre nicht aus der Welt schaffen. Die ökologi schen Probleme nehmen in der ehemaligen Sowjetunion an Brisanz zu. Das ökologische Den ken ist vielleicht durch die Weite des Landes verloren gegangen. Die Kontaminierung ist nicht auf das Militär zu reduzieren.

Auf uns kommen die Erfassung, die Verdachtsuntersuchung und die Einleitung von Sofort maßnahmen pro Liegenschaft zu. Wir leben hier und müssen das in Ordnung bringen. Nur dann können wir verwerten, verkaufen. Die Planungshoheit haben die zuständigen Städte und Gemeinden. Wenn der öffentliche Bedarf nicht gegeben ist, stehen die Liegenschaften für private Investoren zur Verfügung. Die Käufer müssen ihre Vorstellungen mit den Pla nungsrichtlinien in Übereinstimmung bringen. Wir können nur sagen, das haben wir. Es nützt ja niemandem, wenn wir ihm eine Liegenschaft verkaufen und die Gemeinde sagt, sie möchte an dieser Stelle einen Naturschutzpark haben. Eine solche Immobilie werden wir kaum loswerden.

Aufgezeichnet im Februar 1993

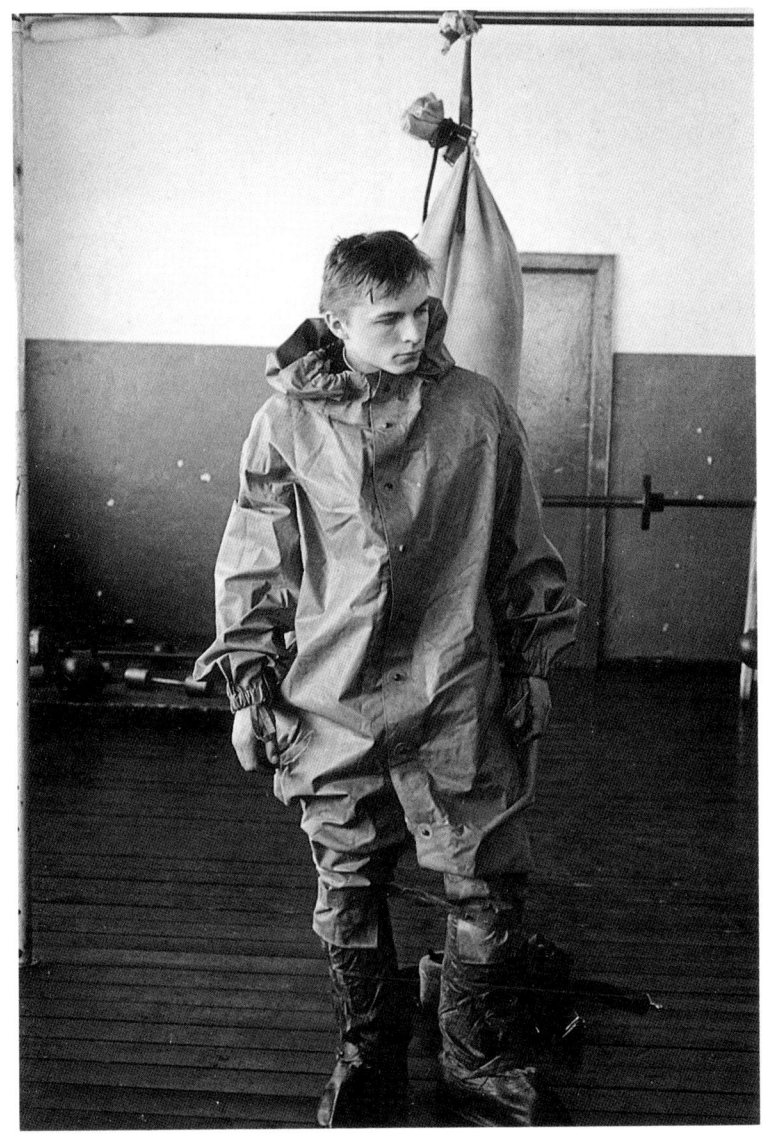

Zu den Bildern

Abzug ins Ungewisse

Eine Chronik

Nach der Kapitulation Deutschlands am 8. Mai 1945 rückten die Truppen der Alliierten in die Gebiete vor, die bereits vor Beendigung des Zweiten Weltkrieges als Besatzungszonen deklariert worden waren. Unter diesen Truppen befanden sich auf sowjetischer Seite u.a. die 1. und 2. Belorussische Front der Roten Armee, die unter Marschall Shukow an der Schlacht um Berlin teilgenommen hatten.

Sie übernahmen dabei weitgehend die Standorte und Truppenübungsplätze der deutschen Wehrmacht und zogen in deren Kasernen ein. Diese anfänglichen Standorte Schwerin, Ludwigslust, Neustrelitz, Perleberg, Neuruppin, Doberitz, Rathenow, Potsdam, Stendal, Gardelegen, Burg, Magdeburg, Jüterbog, Ostenau, Halle, Weimar, Nora, Ohrdruf, Gotha wurden später erweitert um die Standorte Vogelsang, Fürstenberg, Löwenberg u.a.

Im Juni 1945 erfolgte die Bildung der „Gruppe der sowjetischen Besatzungstruppen in Deutschland", die hauptsächlich aus dem Stab und den Armeen der 1. Belorussischen Front hervorging und das militärische Organ der sowjetischen Militärverwaltung in Deutschland war.

Die Stationierung der Besatzungstruppen als Ergebnis des Zweiten Weltkrieges und die Ausübung der Regierungsgewalt im besetzten Gebiet erfolgten auf der Grundlage der „Erklärung der Siegermächte in Anbetracht der Niederlage Deutschlands" vom 5. Juli 1945 und des Potsdamer Protokolls vom 2. August 1945. Mit Gründung der DDR im Jahre 1949 und der damit verbundenen diplomatischen Anerkennung durch die Sowjetunion blieb die Bezeichnung „Gruppe der sowjetischen Besatzungstruppen in Deutschland" erhalten und wurde erst 1954 in „Gruppe der sowjetischen Truppen in Deutschland" (GSTD) umgewandelt. Das war aber eher eine kosmetische Operation. Veränderungen im Status der sowjetischen Streitkräfte waren damit nicht verbunden.

Im Juni 1953 hatten die sowjetischen Truppen, noch als Besatzungsmacht, entscheidenden Anteil an der Niederschlagung der im damaligen Sprachgebrauch sogenannten „Konterrevolution" in der DDR. Nach der Gründung der Nationalen Volksarmee im Jahre 1956 erfolgte die erste Reduzierung der GSTD. Aus der Stadt Forst (nahe der polnischen Grenze) wurden ein Armeestab und vom Gebiet des ehemaligen Bezirks Cottbus zwei Divisionen in die UdSSR zurückverlegt.

Die anfängliche Stärke der GSTD von ca.

546 200 Mann wurde damit 1956 im Zusammenhang mit einer allgemeinen Reduzierung der sowjetischen Streitkräfte um ca. 30 000 Mann verringert.

Am 12. März 1957 unterzeichneten die Regierungen der DDR und der UdSSR ein Abkommen, das die mit der Stationierung sowjetischer Truppen verbundenen Fragen regeln sollte. In der Präambel dieses Abkommens wurde der weitere Verbleib der GSTD mit dem Fehlen friedensvertraglicher Regelungen mit Deutschland, der Stationierung von NATO-Truppen in der Bundesrepublik sowie dem Sicherheitsbedürfnis des deutschen und sowjetischen Volkes begründet. Die praktische Durchsetzung dieses eigentlich zwischen gleichberechtigten Partnern abgeschlossenen Vertrages ließ jedoch in fast allen Punkten zu wünschen übrig. Das lag zum einen am angemaßten Gewohnheitsrecht der GSTD aus der Besatzungszeit und zum anderen an der von der DDR anerkannten Führungsrolle der Sowjetunion auf allen Gebieten. Außerdem war das Sicherheitsbedürfnis der Sowjetunion, fußend auf den Erfahrungen des Kriegsbeginns, sehr hoch.

Probleme des Umweltschutzes, der Vorbeugung von Umweltschäden und der Beseitigung von Altlasten fanden in dem Abkommen von 1957 keinen Niederschlag.

Das Ergebnis wird uns heute, um ein Vielfaches potenziert, bei der Übernahme sowjetischer Liegenschaften deutlich.

Das Verhältnis zum Stationierungsland DDR war offiziell mit dem Abkommen vom 12. März 1957 geregelt. Allerdings räumte dieses Abkommen lediglich eine Konsultationspflicht mit der DDR bei Änderungen der Stärke und Standortverteilung der Truppen ein; es sagte zwar formal auch eine Nichteinmischung in die inneren Angelegenheiten der DDR zu, enthielt aber im §18 den deutlichen Vorbehalt, daß alle Maßnahmen zur Beseitigung einer Bedrohung für die sowjetischen Truppen von diesen selbständig zu treffen seien.

Offiziell wurde immer wieder versucht, die Verbundenheit zwischen sowjetischen und deutschen Soldaten herauszustellen, nicht zuletzt deshalb führte man seit 1970 jährlich eine „Woche der Waffenbrüderschaft" durch, in der es neben gemeinsamen Wettkämpfen und politischen Veranstaltungen vor allem darum ging, die Freundschaft zur Sowjetunion und zu ihren Truppen propagandistisch hervorzukehren. Die Realität sah jedoch anders aus. Den Wehrpflichtigen in der GSTD, wie auch in der Sowjetunion, stand weder ein regulärer Tagesausgang noch ein Wochenendurlaub zu. Ausgang wurde nur selten und wenn, dann in geschlossenen

Gruppen unter Führung eines Offiziers, gewährt. Sprachprobleme, verstärkt durch die ohnehin vorhandenen Sprachunterschiede in der Vielvölkerarmee der früheren Sowjetunion, verhinderten ohnehin die Kontaktaufnahme zu Zivilisten oder NVA-Angehörigen. Sie wäre auch kompliziert gewesen, weil nicht nur die DDR-Bevölkerung, sondern auch die NVA-Soldaten einen wesentlich höheren Standard hinsichtlich ihrer Bezahlung und Unterbringung hatten.

So lebten und wohnten die Sowjetsoldaten in der Regel zu 50 bis 80 Mann in Schlafsälen, mit einem Monatssold von etwa 4 bis 5 Rubeln, was einer Kaufkraft von ca. 15 Ostmark entsprach. Für die Offiziere und Fähnriche galt ähnliches, sie lebten abgeschottet in geschlossenen Wohnsiedlungen, allerdings mit vollen Einkaufsmöglichkeiten, Schulen, Unterhaltungseinrichtungen etc.

Deutschland war und ist zur Zeit, was die Stationierung ausländischer Truppen auf seinem Hoheitsgebiet betrifft, in einer einzigartigen Situation. Nicht nur, daß sich auf deutschem Gebiet neben der Bundeswehr Truppen aus sieben verschiedenen Staaten der Erde befinden, sondern auch, daß sich, nun nicht mehr durch eine Grenze getrennt, sowjetische und amerikanische Soldaten auf unserem Territorium aufhal-

ten, Vertreter der beiden Supermächte also, die sich über Jahrzehnte hinweg im Kalten Krieg als Gegner gegenüberstanden und obendrein die Führungsmächte im jeweiligen Bündnis waren bzw. noch sind. Dabei nimmt wohl die in den fünf neuen Bundesländern stationierte Westgruppe der Truppen (WGT) eine besondere Stellung ein. Einerseits war die WGT über viele Jahre hinweg ein Mittel zur Durchsetzung sowjetischer Machtpolitik in Mitteleuropa. Andererseits fühlten sich die sowjetischen Soldaten bis in die jüngste Vergangenheit als Sieger in besiegtem Land und handelten entsprechend. In der Praxis zeigte sich das nicht nur in der Abkapselung der WGT gegenüber dem Stationierungsland und der Bevölkerung der DDR.

In den Jahren 1979 und 1980 wurden aus dem Bestand der GSTD, die 6. Gardepanzerdivision aus Wittenberg und weitere Truppen und Einrichtungen abgezogen. Hierbei soll es sich um 1 000 Panzer und 10 000 Soldaten gehandelt haben. Damit sollte die Argumentation des Westens bezüglich der russischen Überlegenheit in Mitteleuropa abgeschwächt und der Wille der Sowjetunion zu Frieden und Zusammenarbeit dokumentiert werden.

Als Gegenmaßnahme zum NATO-Doppelbeschluß und mit Beginn der Stationierung von Raketen mittlerer Reichweite

(Pershing II und bodengestützte Marschflugkörper) auf dem Gebiet der Bundesrepublik Deutschland wurden auf dem Territorium der DDR im Zeitraum 1983 bis 1984 drei Brigaden mit Raketen vom Typ RSD-10 (SS-20) unter strengster Geheimhaltung in Weißenfels/Jena, Bischhofswerda und Waren disloziert. Im gleichen Jahr erfolgte der Austausch veralteter Fla-Raketensysteme großer Reichweite des Typs S 200 (SA-5). In Verwirklichung der Verträge zwischen den USA und der UdSSR über die Begrenzung der Nuklearpotentiale 1988 begann, unter Einbeziehung aller Medien und mit großem propagandistischen Aufwand, der Abzug der SS-20-Raketenbrigaden aus Waren und Bischhofswerda. Die Raketenbrigade in Weißenfels/Jena wurde umstrukturiert. Anstelle der SS-20 erhielt sie Raketen vom Typ „Totschka" (SS-21).

Im selben Jahr wurde die „Gruppe der sowjetischen Truppen in Deutschland" in „Westgruppe der Truppen" (WGT) umbenannt.

In den Jahren bis 1988 erfolgten größere Umgliederungen innerhalb der WGT, die aber mit keiner Reduzierung verbunden waren.

1989 erfolgte im Rahmen der Gorbatschow-Initiative (einseitige Truppenreduzierung) eine weitere Reduzierung der Truppen der Westgruppe. Neben Luftsturm- und Landeübersetzbataillonen sowie Lehreinrichtungen wurden die 25. und die 32. Panzerdivision aus Vogelsang und Jüterbog in die UdSSR zurückverlegt. Noch vor der Herstellung der deutschen Einheit begann die Westgruppe mit einem weiteren Abbau der Truppenstärke. Das betraf die 7. Panzerdivision in Roßlau. Bis zum Jahresende 1990 wurden außerdem Teile der 12. Panzerdivision aus Neuruppin abgezogen.

Trotz aller Reduzierungen ist die Westgruppe heute noch die stärkste Militärgruppierung eines Staates in einem anderen Land. Vor Beginn des planmäßigen Abzuges Anfang 1991 umfaßte der Personalbestand der WGT 337 800 Soldaten und 44 700 Zivilbedienstete. Hinzu kamen noch 163 700 Familienangehörige.

Der Abzug der sowjetischen Truppen aus Deutschland wird auf der Grundlage des Vertrages zwischen der Bundesrepublik Deutschland und der Union der Sozialistischen Sowjetrepubliken „über die Bedingungen des befristeten Aufenthaltes und die Modalitäten des planmäßigen Abzuges" (vom 12.10.1990) geregelt. Entsprechend dem Vertrag erfolgt der Abzug nach Maßgabe eines Gesamtabzugsplanes in den Jahren 1991 bis Ende 1994 und umfaßt die sowjetischen Truppen, ihre Zivilbediensteten, die Familienangehörigen und das bewegliche Eigentum.

Der Gesamtabzugsplan legt die Reihenfolge der Rückführung der wichtigsten Großverbände im Abzugszeitraum fest und wird durch die Erarbeitung eines Teilabzugsplanes für das jeweilige Jahre detailliert und aktualisiert. Der Teilabzugsplan wird in Abzugspläne für die einzelnen Quartale umgesetzt.

Der Abzug eines solch kompakten Truppenkörpers, wie ihn die WGT darstellt, bedeutet nicht nur einen riesigen logistischen Aufwand, sondern hat auch eine Vielzahl menschlicher Schicksale und familiärer Probleme zur Folge. Infolge der Kurzfristigkeit der angekündigten Rückversetzungen und des Umstands, daß nur eine verschwindend geringe Anzahl der Berufssoldaten über eigenen Wohnraum in der Sowjetunion verfügt, ist das Klima in den sowjetischen Kasernen von großer Unsicherheit und Sorge gekennzeichnet.

Im Mittelpunkt stehen dabei die Fragen und Probleme der Soldaten bezüglich Unterbringung und Versorgung der Familien sowie der Ausbildung und Erziehung der Kinder. Auch wissen die Angehörigen der Westgruppe der Truppen, daß sie nach der Rückkehr in ihre Heimat ein Leben erwartet, das qualitativ in keiner Weise mit dem vergleichbar ist, was sie, trotz ihrer hohen dienstlichen Belastung während ihres Aufenthaltes in Deutschland, kennengelernt haben.

Hinzu kommt die instabile innenpolitische und unsichere wirtschaftliche Lage in der GUS. Trotz dieser Tatsachen muß aber darauf hingewiesen werden, daß zwar die Unzufriedenheit des Personals der Streitkräfte in Deutschland, besonders der Berufssoldaten, wächst, dies aber nicht zu dem Schluß führen sollte, daß in der Westgruppe ein Unruhepotential entstanden ist, welches die Kontrolle des Oberkommandos über die Truppen gefährdet.

Lothar Engelhardt
November 1993

Inhalt